これだけは知っておきたい

お金の話

神樹兵輔 著

日本文芸社

はじめに……お金の生活習慣病から脱する為に

若い時、自分は人生で最も大切なものは金だと思っていた。今、年をとってみると、まったくその通りだとわかった――。

オスカー・ワイルド（1854～1900年・英国の劇作家・詩人）

財布が軽ければ心は重い――。

ゲーテ（1749～1832年・ドイツの文豪）

本当に大切な自由はただひとつ、それは「経済的自由」だ――。

サマセット・モーム（1874～1965年・英国の小説家・劇作家）

お金がわたし達にとって、いかに大切なものであるか、その価値について言及した古今の名言・格言の類は数知れません。この世に生まれてきて、お金の心配をしないで人生を送れたなら、どんなに幸せだろうかと考えることは、誰しも同じなのです。


「安い給料で家賃を払い、食費その他の生活費を賄《まかな》うと、とても貯金どころではない」

「マイホームを買ったけれど、リストラされそうでローンの返済が心配になってきた」

「もうすぐ定年を迎えるのに、年金だけではとてもやっていけそうになく不安を覚える」

「資産を殖やしたいものの、何に投資すべきか、リスクを考えると、とても恐ろしい」


こんな経済的悩みを抱えている人が、世の中にはゴマンといます。

しかも、ここから脱け出せず、一生涯死ぬまで、こんな状態が続く人達が大勢いるのが実際のところなのです。もちろん、本書を手にとられたあなたも、たぶんこうした人達の予備軍といえるのかもしれません。つまり、お金の悩みから、一生解放されない、死ぬまでお金の苦労が付きまとう人生を、否応なく生きていかなければならないという可能性が、あなたにもかなり高い確率であるというわけです。

あなたは、そんな人生を送る為に生まれてきたのでしょうか――。

いや、そんな筈《はず》ではなかった、今からだって軌道修正出来る筈だと、そう思っておられるからこそ、本書をお選び頂いたのだと思います。

著者は本書をお読み頂ければ、そんな悩みからも解放されると信じています。

新しいステップを歩み始めることが出来るものと確信しているのです。

著者も、学業を終えて社会に出たばかりの若い時分には、収入アップを目指し、ずいぶん転職を重ね、ある時点までは、読者の皆さんと同じように、かなりお金に悩み苦しむ生活を送っていたことを告白しておきましょう。

しかし、悩み苦しんでいるだけでは何も解決しないという考えも強くもっていたのです。

また、人生における悩みや不安というものは、お金の悩みを含め概《おおむ》ね4つぐらいしかないということにも気づいていました。

お金の悩み
人間関係の悩み
健康に関する悩み
将来に関する悩み

これら4つの悩みや不安というものは、それぞれ自助努力によってかなり改善していけること、また、お金の悩みが解消出来れば、他の3つの悩みや不安があっても、かなり軽減されるものだということも強く認識していたのです。

こうした4つの悩みや不安を前にして、著書が最も考えたのは、

人と同じことをしていては、人と同じにしかなれない——。

ということでした。

もちろん、それで無茶なことをしたという意味ではありません。人と違った、ちょっとした自分のルールを作ることが大切だと気づき、実行したというわけです。

すると、不思議とお金が貯まり始め、そしてある時点からは雪ダルマを作る要領の如く、どんどんふくらみ始めたということなのです。

おかげで、今では何らの束縛もなく、本当に好きなことだけをして生きています。

そのルールを、読者の皆さんにも分かち合いたいと、心から思ったのが、本書執筆の動機なのです。

これだけは知っておきたいお金の話●もくじ

目次

第3章 賢くお金を残す！ 無駄のなくし方
――こんなにある無駄なお金の使い方

第4章 今日から始められるお金の上手な稼ぎ方
――誰でも簡単に始められる副業のコツ

第5章 誰でも出来る！　お金の上手な殖やし方
――貯めることから殖やすことへのステップ

※本書は平成二十一年五月に小社より刊行されました
『知っておきたい　お金の常識』を加筆、再編集したものです。

第1章

最低限知っておきたいお金のキホン

——知らないとソンをするマネーの常識

夢に費《つい》やすお金は無駄なお金であることを知っておこう！

2013年の年末ジャンボ宝くじの1等は5億円でしたが（前後賞を含めると7億円）、1枚300円の宝くじを10枚購入した場合で当選するのは、100万人に1人いるかどうかというレベルです（1枚だけ購入なら約1千万分の1の当選確率）。

100枚購入（3万円）した場合でも、10万人に1人いるかどうかなのです。

それでも発売期間中には、購入希望者の長い列が出来ていたりするのですから驚いてしまいます。

「確率は悪くても、宝くじは買わなければ絶対に当たりません」

「もしかすると当たるかも……と思い、抽選日までの夢を買うんですよ。もし前後賞の1億円が当たったらとか、2等の100万円が当たったらとか、いろいろ想像して、当選金の使い道をあれこれ考えるのが楽しいんですよ」

などと皆さんおっしゃいます。

そうした夢を見るのが好きなファンによってこのシステムは支えられているわけです。

しかも、ファンの多くは5年、10年、中には20年、30年と買い続けている人達だというのですから、思わず購入費用のほうが心配になります（1千万円以上当選の宝くじ長者の購入歴は10年以上の人が約6割を占めるそうです）。

何しろ、当選金と売上額の大きいジャンボと名の付く宝くじだけでも、グリーン、ドリーム、サマー、オータム、年末と年間5回にも及ぶのです。

これに全部付き合って、10枚ずつ購入したとして年間1万5000円です。

20枚ずつ購入したとすれば年間3万円。

30枚ずつなら年間4万5000円、50枚ずつなら年間7万5000円にもなるのです。

1割が戻るとしても相当な金額です。

当選金の額はともかく、もっと確率を上げようなどと考えて、他の宝くじやナンバーズだ、ミニロトだ、ロトシックスだ、などとなると、際限がなくなります。

毎年のようにこれだけのお金を使うなら、株式を少しずつでも購入したほうが……などと著者は思いますが、一攫千金の夢を買うほうが、よほど魅力があるのでしょう。

どうして日本全国いたるところに宝くじ売り場があるのか、それもその筈です。

日本人は、宝くじが大好きな国民なのです。

年間売上はなんと9135億円（12年度、05年度がピークで1兆1000億円）。

このうち45％が配当金（当選金）となり、自治体などの収益となるのが40％、残りの15％が経費という構成です。

もっとすごい数字を紹介しましょう。

かつて4兆円（97年）の売上を記録したこともあるJRA（日本中央競馬会）です。

その後は毎年減少傾向で、12年に約2兆4000億円にまで減っていますが、こちらのほうの配当率は75％に及び、宝くじよりはるかに効率がよい筈ですが、ファン層は限られ、宝くじのような幅広さはありません。

こうした兆円単位の売上がどのぐらいスゴイのか比べてみましょう。

日本のGDP（国内総生産）が約500兆円弱、13年度の国家予算が92兆円なのです。

国家予算92兆円のうち、歳出で一番大きい額を占める社会保障費（医療・年金・介護・福祉その他で31・4％）が29・1兆円、文教及び科学振興費が5・3兆円、公共事業費が5・2兆円、防衛費が4・7兆円などと続きます。

また日本で売上高1兆円以上の企業は約130社ほどありますが、経常利益となると、1兆円を超える企業はわずかにトヨタとNTTのみに限られるのです（2012年度）。

もうひとつ、宝くじのような一攫千金とまでいかなくとも、競馬のようにあわよくば小遣い銭が稼げるとして庶民に人気があるのがパチンコです。

こちらも競馬同様に、ある程度固定ファンの数は限定されるのでしょうが、実は年間売上高は、宝くじや競馬を大きく上回る約19兆円あります（2012年）。

かつて95年には約31兆円のピークをつけて、年々減少気味ですが、こちらの配当率は87%もあります。効率の良さは一番といってもよいでしょう。

しかし、パチンコは時間と労力、上手下手の差もあって、なかなか誰にでもというわけにいかないところが、むずかしいところなのです。

さて、こんな話をお聞きになって、何を感じられたでしょうか。

宝くじや競馬より、パチンコが一番効率がよいので、パチンコを始めようかという気になってもらっては困ります。

逆の立場で考えて頂きたいのです。

宝くじにしろ、競馬、パチンコにしろ、やるほうは「夢を買う」ような気分かもしれませんが、早い話主催者に踊らされているだけです。

一番損をしているのは客で、常に儲かっているのは胴元の主催者だけということをしっかり認識しておきたいのです。

宝くじやギャンブルに大事なお金をつぎ込んでいるのは、本当にもったいないことと申し上げたいわけなのです。

職場の同僚もやっているからなどと、周囲に同調するのは日本人のよくない性癖です。人と同じことをすることの愚を、まずは念頭に置いて頂きたいのです。

ひとときの夢を見るよりも現実を考えることのほうが、よほど大切だということです。

POINT マネーの掟①

世の中には、ひとときの夢を見るのが好きな人達が大勢いる。

あなたも同調しているのだとしたら、流されるばかり——。

夢を見るのでなく、現実を考えることの大切さを知ろう。

宝くじやギャンブルの胴元は常に儲かる仕組み！

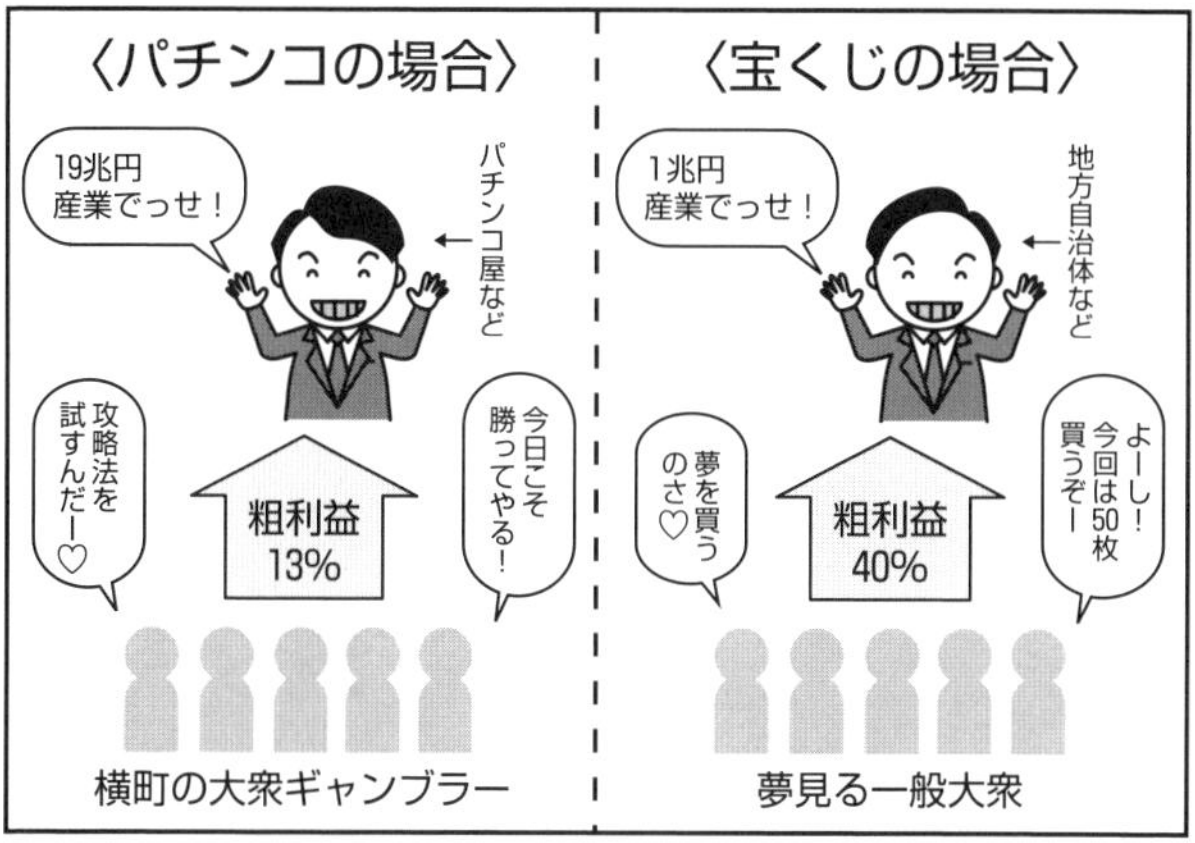

一攫千金を夢見る大衆は常に踊らされる仕組み！

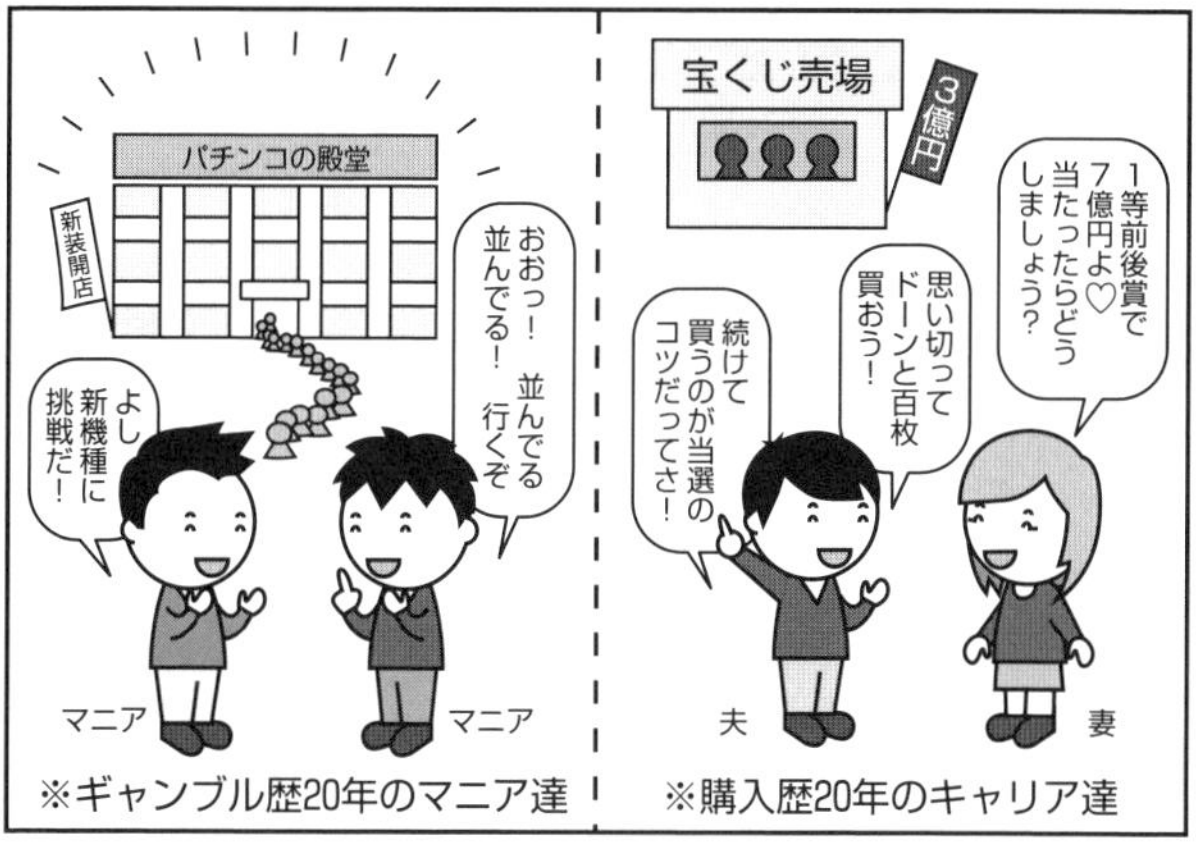

「悪銭身につかず」の本当の意味を知っておこう！

先に宝くじで一攫千金を夢見る人達や、パチンコで一時的な小遣い銭稼ぎにのめり込む人達がいかに多いかについて述べました。

宝くじの1等当選確率は、前述した通り、1枚につき1千万分の1にすぎません。

たしかに万にひとつ、いや百万分にひとつぐらいの確率に巡り合って、億単位のお金が、一度に手に入ったならば、ふつうのサラリーマン家庭なら、ライフスタイルを大きく変えることも不可能ではないかもしれません。

しかし、ジャンボ宝くじで2等100万円が当たる確率でさえ、1枚につき10万分の1の確率なのです。

こんなことに、いつまでもお金を費やすのは考えものという他ないでしょう。

また、パチンコの配当率は全体から見た場合でこそ87％ですが、1万円投下して8700円が戻るわけでないのはいうまでもありません。

パチプロ（パチンコで生計を立てていると称する人）の手記などを読んでみるとわかり

ますが、かなりのテクニックを駆使してなお、1日数時間パチンコ台の前に坐り続けての成果が、せいぜい1日数万円なのです。

他の仕事でこれぐらい稼ぐ方法はいくらもあることを考えると、何だかむなしい話です。ましてや素人が、おいそれとパチンコで稼げることなど土台無理な話なのです。

宝くじにしろ、パチンコにしろ、たまたまビギナーズラックか何かで、少しばかりのお金が入ったぐらいでは、毎日お金に悩む暮らしを続けている多くのサラリーマン達にとっては、焼け石に水の如くで、つまらない物を買ったり、豪遊と称して高級料理を1回食べるぐらいで終わってしまうのが関《せき》の山でしょう。

労せずしてたまたま転がり込んだお金というものは、泡沫《うたかた》の如く消えてしまうのが常で、昔の人は「悪銭身につかず」といって、こんなお金の稼ぎ方を戒《いまし》めたものなのです。

実際悪いことをして得たお金でなくとも、勤勉に働かずして得たお金を〝悪銭〟としてとらえる習慣は、やはりしっかり身につけておいたほうがよいのです。

他に悪い稼ぎ方の一例を挙げれば、サラリーマンの人達の話でよくあるのが領収書を改《かい》竄《ざん》するなどという方法でしょう。

領収書の金額欄の1の数字を4に直したり、9に変えてしまうといった手口です。

しかし、こんな誤魔化しは、経理の人間ならば、先刻すっかりお見通しの筈でしょう。本気で調べる気になれば、当該店舗に電話して裏を取れば一発でわかるのですから、こんなことで〝信用〟というお金で買えない評価まで失ってしまうのは、馬鹿馬鹿しい限りなのです。

また、いつの時代にも一攫千金を夢見る人達が多いことから、投資詐欺というのも昔からよくあります。悪銭稼ぎにまんまと利用されるほうの話です。

記憶の新しいところでも次のような事件が公になったのをご存知でしょう。

●**09年2月摘発の〝L&G〟**……疑似通貨〝円天〟を宣伝材料に3万7000人から1260億円を集めて破綻したマルチ詐欺。

●**08年7月摘発の〝ワールドオーシャンファーム〟**……フィリピンでのエビ養殖事業と称して3万5000人から849億円を集めて破綻した投資詐欺。

●**07年4月摘発の〝近未来通信〟**……IP電話のサーバーを購入させて中継局オーナーになれると称して3千人から400億円を集めて破綻した投資詐欺。

●**07年3月摘発の〝平成電電〟**……空いている電話回線をNTTから借りて割安固定電話

サービスに加入すると年利8～10％になると称し、1万9000人から490億円集めて破綻した悪徳詐欺商法。

本当にいい大人達が、毎年のように万人単位で騙《だま》されて、老後の為に貯えた虎の子の資金を数百万～数千万円のレベルで失っているのですから驚いてしまいます。

こんな悪徳商法で、文字通りの悪銭を集めていた組織の幹部連中は、おそらく贅沢三昧《ぜいたくざんまい》の浪費生活を続けながらも、内心の不安がなかったといったら嘘になるでしょう。

ある程度稼いだ段階で、計画倒産させて、うまく逃げようと考えていたのでしょうが、アブク銭に魅せられて、途中でやめるにやめられなくなったのではないかと推察されるのです。いつか逮捕の不安があるだけに、その気持ちを埋め合わせるかの如く毎晩派手に饗宴を繰りひろげ、お馬鹿な浪費を繰り返した挙句の果てゆえに、犯罪が露見し、摘発を受けた時には、集めたお金は一文も残っていないという惨状なのです。

悪銭身につかずの典型例というべきでしょう。

もっとも、正攻法で手に入れた大金であっても、一時の成功の栄華が忘れられずに、見栄とプライドの成せる業から、またたくまに大金をなくしてしまったという実例も枚挙にいとまはありません。昨今の例では、派手な生活で資金に行き詰まり、自分がまだ著作権を有しているかのように偽って著作権譲渡の仮契約で5億円を詐取し逮捕された、音楽プロデューサーTK氏のケースが有名でしょう。

90年代に自身を含めプロデュースしたアーティストの曲が大ヒット。数10億円の資産を築いた筈が本人いわく「自分のお金を自分でどのくらい使っていたかわからなかった」「完全に裸の王様だった」と語っているように、これもお金の使い方の面での「悪銭身につかず」の例といってもよいのでしょう。何はともあれ、こうした教訓はいずれも他人事《ひとごと》ではないのです。しっかり記憶にとどめておきましょう。

POINT

マネーの掟②

「悪銭身につかず」の言葉は、お金にまつわるさまざまな教訓を与えてくれます。

「悪銭身につかず」がイメージさせてくれる教訓例

「レバレッジ」という名のお金のマジックに騙されるな！

日本の個人金融資産は、13年時点で1571兆円もあります（GDPの約3倍）。とてもお金持ちの国民に見えますが、保有額の7割近くは65歳以上の高齢者なので、日本のお年寄りの中に、かなりのお金を持っている人がいると言い換えたほうが正しいのです。

こんな事情もあるからでしょうか、前項でふれた悪徳詐欺商法や、いまだに衰え知らずの振り込め詐欺のターゲットになるのは、お年寄りが多いのです。

しかし、こんなにお金を持っていても、保有形態を見ると、半分は預金や現金で、いわゆる投資のカテゴリー（株式や出資金）にはたったの1割程度しか回されていません。残りの3割は、保険や年金に積まれ、1割が国債購入や投資信託に回っている程度なのです。

つまり、これだけを見ても、日本人は安全第一で、貯蓄が大好きな国民性を有しているのであって、株などの投資に至ってはからきし苦手な性癖をもっていることが窺《うかが》えるわけです。

ですから政府が奨励する**「貯蓄から投資へ」**などのスローガンにうっかり乗せられてしまうと、先の悪徳商法にカモられた例のごとく、いきなり大枚をはたいて株や投信を買い、昨今の株価大暴落で資産を半分に減らしてしまったなどの泣くに泣けない事態にまで陥ってしまうのです。

ひとこと申し上げておきますが、慣れないもの、よく知らないものになど、間違っても虎の子をはたいて投資などしてはいけないのです。

かつての国債だって、敗戦直後のハイパーインフレでチャラにしてしまったのは政府ですし、預金封鎖でお金を下せなくしたり、高率の資産課税を行なって戦前からのお金持ちの多くを没落させたのも政府だということを忘れてはいけないのです。

そのうち今の国債だって、日銀引き受けでどうにか価値を保っているものの、うまく消化出来なくなれば暴落して、金利急騰の事態だってありえないこともないのです。

うっかり国の言うことだからなどと信用していると、「消えた年金」などで泣かされる、昨今のような事態にもなりかねないのです。

さて、お年寄りにお金持ちが多いというのは、おわかり頂けたと思いますが、若い世代になるほど、貯蓄も少なくなるのはご承知の通りです。

貯えが少ないと、それを殖やす為の投資に乗り出そうにも、元手が小さいゆえに効率が悪くなるのも致し方ありません。

これは当たり前のことなのですが、そこに魔のささやきが聞こえてくることが昨今とても多くなっているのです。

本屋さんの投資本コーナーなどで、いくつかの書籍をごらん頂くと書かれている言葉には、こんなものがあるのです。

いわく「リスクを取らなければお金は殖やせない」「レバレッジを利かせることこそ投資の醍醐味」などと書かれてあったりします。

何のことはありません。借金のすすめなのです。

借金をして元手をふやして勝負したほうが、儲けも大きくなる――ということなのです。

昔からよくある「ニッパチ商法」みたいなおすすめ言葉なのです（2割の元手に8割融資してあげるから、必ず値上がりするこの株に投資しなさい。2割の元手は我社に預けなさい――などというインチキ詐欺商法）。

レバレッジというのは「てこの原理」のことを言いますが、07年に起きたサブプライムローン問題がアレヨアレヨと金融危機に発展し、08年9月のリーマン・ブラザーズ証券破綻以降、世界同時不況に導いた原因を作ったのもレバレッジであったことを忘れてはいけないのです。

小さな元手しかなければ、投資をしてはならないのが、本来のお金のルールなのです。

もう少し、貯蓄を続け、ある程度の規模に殖やしてから、それに見合った投資を行なえばよいにもかかわらず、とかく借金をすすめる便法として「リスクをとれ」だの「レバレッジをかけろ」などと無責任な推奨があまりにも多いのです。

昨今、ネットトレードが普及して、手数料も劇的に下がっているのをよいことに、あまりにも安易に借金をすすめる手口が横行しています。

株式の信用取引にしろ、外貨FXの倍率にしろ、思惑通りにいかず、逆の形に動き、損をふくらませることがあるのが投資なのです。

安易に元手をふくらまそうなどと思って借金に頼ると、元手も失って借金だけを殖やしてしまうということも起こりうるのです。

お金を殖やすことに焦ってはいけません。

ある程度まで苦心してふやすからこそ、投資をする時にも、冷静に慎重に判断が下せるようになることを忘れてはならないのです。

ここでいう借金も、前項で述べた〝悪銭〟なのだということを、ぜひ覚えておいて頂きたいのです。

POINT マネーの掟③

「リスクをとらなければお金は殖やせない」だの「レバレッジを利かせることこそが投資の醍醐味」などの言葉に乗せられてはいけません。

借金だけふくらませて、せっかくの元手さえも失ってしまった人達が大勢いることを忘れてはならないのです。

こんな言葉に乗せられると泣く破目に!

収入が多い人が必ずしも幸福なわけではない！

著者の友人に、40代後半で外資系保険会社に勤め、赤坂の高級マンションに住んでいる人がいます。年棒は１６００万円、ドライブが趣味で、クルマはベンツとＢＭＷの２台を保有しています。

一見、裕福そうに見えますが、著者から見ると、自転車操業を続けざるをえないところが気の毒にも思えてきます。

彼の平日は、早朝から深夜まで働きづめです。

家族は４人ですが、まだ中学生の長男と次男を将来米国留学させる為に、まだまだこれからも働き続けなくてはならず、その為奥さんも近所のコンビニでアルバイトをしているのです。

貯金はほとんどなく、毎月の給与は自宅の億ションのローン、クルマのローン、駐車場代やらであらかた消えていくそうです。

彼の勤める会社では、過去10年内に３回リストラがあり、社員の首切りが行なわれまし

たが、何とか彼は年棒が少しずつ下がっただけで生き残ってきました。

しかし、これから50代に入ってなお、生き残れるかどうかは、未知数です。

というより、日本企業だけでなく、外資系企業にも勤めた経験のある著者の判断では、たぶん無理だろうと推察しています。

世界的に景気が後退し、出口の見えない状況が続く現状では、むしろ意外に早く再リストラの可能性があるだろうと考えたほうが自然なのです。

語学が達者で、米国人のボスに取り入るのが得意な彼でも、現段階でリストラされてしまうと、待遇面で今以上のポストを他社で得るのは、とてつもなくむずかしいといわざるをえません。

昔から彼には、ずいぶんアドバイスをしてきました。

もっと経済合理性のある生活をしたほうがよいということです。

本書で紹介している著者の考え方は、ほとんどすべてといってよいほど彼には話している筈です。しかし、彼はこれまで突っ走ってきた自分で考えた人生のコースから、はずれることが出来なかったのです。

どうしてだか、おわかりでしょうか——。

それはひとつには、奥さんの考え方があったからだと判明しました。

奥さんは、都心の高級マンションに住み、子供を私立の中学校に通わせ、週末には高級外車で郊外にドライブするような生活――つまり、女性週刊誌が好んで使うフレーズでいうと、「セレブな生活」に憧れていたからでした。

「セレブな」奥さんが、コンビニでアルバイトをしなくてはならないというのは、ちょっと意外ですが、要するにそういうことだったのです。

そして、彼自身奥さんの考える人生コースを共に歩むことを受け入れてきたのでした。

しかし、ただでさえ家計は火の車だというのに、この先リストラがあったらどうなるのでしょう。今のような生活が続けられるわけがありません。

たちまちローンの返済が滞ってしまうでしょう。

すると、クルマは真っ先に処分するしかないのです。高級マンションも、買った時の価格よりはるかに下がった価格でしか処分出来ません。もしかすると、ローン残高より下回った価格で処分することになると、借金だけがのしかかってきます。

息子2人を将来米国留学させるどころか、今通っている授業料の高い私立中学もやめさせて、公立中学に行かせることになるかもしれません。

その時、セレブを夢見続けていた奥さんの喪失感を思うとやりきれないものがあります。将来の破綻に備え、彼が今すぐにもやらなければならないのは、経済合理性のある生活に他なりません。たかだか1600万円レベルの給与収入で、ローンを組んで億ションを買ったり、高級外車を2台も保有すること事態が狂気の沙汰なのです。

彼は破綻する前に、まずは奥さんを説得し、身の丈に合わせたライフスタイルを構築すべきなのです。

さて、年収が1600万円というと、サラリーマンとしては上の部類に入ります。40代後半でこの年収というのは、外資系金融機関やメガバンク、在京のキーTV局などといったところが思い当たりますが、年収が高くてもローンを目一杯抱えていたのでは、ちっとも豊かではないということなのです。

分割で払い続けていけば、いつか自分の物となり、資産になるのだと思っているのかもしれませんが、それは幻想もよいところです。**マンションにしろ、クルマにしろ、ローンを払い終わった時には、価値が大幅に落ちてしまっています。**

そんなものを所有している気になるほうが著者はおかしいと思っているのです。

それから、この項で紹介したように、お金をふやしていく過程において、奥さんというパートナーの存在は非常に重要です。

奥さんが見栄っぱりの浪費家であったり、ブランド品収集が大好きというケースでは、必ず家計は火の車になります。

「稼ぎに追いつく貧乏なし」などという昔の格言は、大嘘といってよいのです。**稼いでも稼いでも、貧乏は追いついてくる——というのが正解なのです。**

もし、あなたのパートナーが、節約が嫌いな人であったなら、近い将来のリスクについて、とことん話し合っておくことをおすすめしておきます。

POINT

マネーの掟④

収入がふえていったとしても、経済合理性のある生活が出来ない人は多いものです。そんな生活は、いつか破綻して路頭に迷うかもしれません。今のうちに改めるのが正解です。

経済合理性のない生活は破綻予備軍に!

年収は1600万円で外資系企業に勤めてます。自宅は赤坂の億ション。趣味はクルマでベンツとBMWに乗ってるよ。息子2人は私立中学、将来は米国に留学させる計画でね
ひょえ〜〜〜っ
お前気はたしかか…?
友人
このご時世だぞリストラになったらどーすんだい?
どうせみんなローンなんだから考え直したほうがいいよ
でもなあ…女房は喜んでくれてるんだよなあ…今の生活
友人

身の丈《たけ》に合った生活が着実に資産を生み育てる！

日本の高度成長は、1954年（昭和29年）の12月から第1次オイルショックが襲った1973年（昭和48年）までの19年間といわれています。

毎年平均10％を超えるほどのGDP成長率を遂げていた時代です。今日の中国に匹敵するほどの高度成長が続いていたのです。

ちょうど中間を過ぎたあたりの67年（昭和42年）には、自分の属する階層が、「上」「中の上」「中」「中の下」「下」の5段階でどこに位置するかと尋ねると「中の上」「中」「中の下」と答えた人の合計が、全体の9割に達したという記事が出るほど幸福な時代だったのです（朝日新聞1967年6月27日付）。ここから「一億総中流社会」という言葉が流行語となり、社会の不平等さの度合いを測るジニ係数（1に近いほど格差が大きく、0に近いほど格差が少ない）も、再分配所得で62年の0・344から72年の0・314まで毎年下がり、日本が世界でも稀なほどに理想的な平等社会だったことが窺われるのです（11年の当初所得は0・5536、再分配所得は0・3791と上昇中）。

ところが、現在ではどうでしょう。

日本のGDPシェアは、規模においては米国、中国に次ぐ3位を保っていますが、豊かさの尺度である一人当たりGDPは、93年にルクセンブルクに次ぐ2位になったこともあるものの、07年には19位にまで後退しました（13年は10位に浮上）。

国税庁の「民間給与実態統計調査」によれば、正社員の平均給与（年収）は、97年から12年の16年間で58万円も減少し、12年度の年収は408万円に落ち込んでいます。

95年に3779万人いた正社員（全雇用者比率79・1％）が、13年末には3283万人に減少し（同62・6％）、それ以外のパート、アルバイト、契約社員、請負、派遣などの非正規雇用は95年の20・9％から13年末には37・4％（約1965万人）までふえているのです（29年前の85年の非正規雇用は16・4％で655万人）。

「相対的貧困率」をご存知でしょうか。国民一人当たりの所得（収入から税金や社会保険料を差し引いた額）の中央値（平均ではなく、高い所得から低い所得の人を並べた真ん中の所得額）の半分（2010年で年間112万円）に満たない人の割合です。日本では、これが、10年に16％となり、OECD加盟34ヵ国の中でもトップクラスの水準なのです。

貧困家庭の子供は、塾にも通えず、進学もままならずに非正規雇用労働者に組み込まれていくといわれています。結婚も出来ないので少子化もますますすすみます。貧困は確実に次世代へと連鎖するような社会になっているのです。

こうした国にしてしまった責任は、無能な政治家や怠慢な官僚に求められるのはもちろんですが、日本が確実に劣化していることだけは確かな事実です。

常に貯蓄を心がけ、身の丈に合わせた節度ある生活を行なうようにしていかないと、これから先のあなたの人生には未来がないといわざるをえない事態が待っているわけです。

身の丈に合わせた節度ある生活とは、ケチケチした耐乏生活を送ろうということではありません。借金をせずに節約を楽しみ、貯蓄を励行し、少しでも早くまとまった元手をつくってその元手に見合った堅実な投資を行ない、資産を殖やしていくことをいうのです。

つまり、経済合理性のある生活を心がけていかなければならないのです。

その為には、次のルールを自分やパートナーに課すことが必要です。

見栄を張らない!

借金をせず、生活を安上がりにする!

この2つのことを守るだけで、近い将来のある時点から、お金をふやし、お金がお金を生んでくれる加速度のついた人生が送れるようになるのです。

嘘ではありません。著者はバブル期（80年代後半）に、調子に乗りすぎて一気に資産を殖やそうとして、バブル崩壊で手ひどい打撃を受けました。

いわゆる「リスクをとり」「レバレッジ」を目一杯利かせて一気に借金を膨張させたというわけですが、資産価格が90年にピークをつけ、逆方向に下落しはじめたのですからたまりません。当時は「財テク」という言葉が大流行していて、長者番付には不動産や株式を手がける人が上位に連なっていたのです。結局著者は、サラリーマンの身の上で、1億円もの借金を抱え身動き出来なくなったものですが、この2つのルールを自分に課し、キャッシュフローの改善を図り、資産の損切りをするマイナスからの再スタートを切ったのです。

すると、どうでしょう。

失われた10年といわれた90年代を通じて、新たな資産形成が加速度をつけていき、わずか10年で、1億円の借金はなくなり、正味資産は以前よりはるかに膨らんだのです。

たとえ年収が、200万円以下だからといって、けっしてあきらめてはいけないのです。

マイナスからゼロに転じ、いったんプラスに転じ始めた時のエネルギーほど強力なものはありません。

キャッシュフローがプラスに変わり出すと、次々と新しいアイデアが生まれるようになります。年収のタカは問題ではないのです。わずかなプラスであっても、それが人間の英知に及ぼすパワーははかり知れないものがあるということをいいたいのです。

あなたも1日も早く、他人に雇われなくとも、遊んで暮らせる環境を作るべきとは思いませんか。お金のルールを守れば、理想は必ず実現するのです。

POINT

マネーの掟⑤

たった2つのルールを守るだけでキャッシュフローがふえ、お金が貯まっていくのです。
①見栄を張らない！　②借金をせず生活を安上がりにする！
この2つをしっかり守るだけなのです。

借金をするのは身の丈に合った生活をしていない!

あれもほしいな♡
借金しちゃおかなあ……
海外旅行
高級腕時計
クルマ
高級レストランでの食事
ブランドのスーツ
ゴルフ
BAR
夜遊び
たった2つのルールが守れなくてどうするんだ！
よし、やるぞ
★見栄を張らない！
★借金をせず生活を安上がりにする！

COLUMN ①

消費税率アップの厳しい現実とは？

消費税は、２０１４年４月から８％となりました。そして２０１５年10月には10％となる見込みです。

５％時の税収（２０１３年度約10・6兆円）が10％になれば２倍の20兆円になる——と財務省は目論みますが、さてどうなるのでしょうか。

日本で消費税が歓迎されないのは、所得税や法人税のように稼ぎに応じて税率が上がる累進税率でなく、所得の低い人には負担が過重となる逆進性の高い税だからです。

消費税率が５％から８％へと３％上がっただけでも、国民一人あたりの年間負担額は５万円増えます。

４人家族なら20万円です。これで消費が喚起されるのでしょうか。

ところで、欧州諸国では、消費税（付加価値税）だけでなく、各種税金や社会保険料も高額で、所得に対する「国民負担率」も、一見すると日本よりはるかに高いのです。

しかし、医療費や教育費が事実上無料だったり、失業時に手厚くケアされるなど社会福祉は充実しています。

付加価値税でさえ食料品や医薬品がゼロだったり、５％程度の軽減税率が適用され低所得者には優しいのです。

日本のほうがはるかに厳しい現実があるわけで、行政の無駄がはびこり、国民だけが苦しむ構図です。

第2章

お金は意識すれば不思議と貯まる

——自然に貯めるのではなく意図的に貯めよ

収入の少ない人でも貯蓄をすることは十分可能である！

ちっともお金が貯まらないのは収入が少ないからだ――。

学校を卒業し、社会に出たばかりの頃は誰しもそう思うものです。

しかし、年齢を重ねても同じような嘆き節を続けている人がいるのはどういうことでしょうか。

ここで、収入に関するデータをチェックしておきましょう。

国税庁が公表している12年（平成24年）分の民間給与実態統計調査によれば、平均給与（年収）は408万円（男性502万円・女性268万円）、15年前の97年（平成9年）の平均467万円と比べると、59万円低くなっています（月換算で約5万円の減収）。

ちなみに、ここでいう平均給与は、あくまで平均年収のことです（すなわち、ここから税金や社会保険料が支払われる）。

なお、これは正規雇用も非正規雇用も含めた平均年収で、正規雇用の平均年収だと468万円になりますが、非正規の平均年収は168万円まで下がってしまいます。

また、平均給与を事業所規模別に見ると、従業員10人未満の事業所においては321万円（男性395万円・女性236万円）ですが、従業員5千人以上の事業所においては509万円（男性664万円・女性263万円）です。

正規・非正規や男女の賃金格差の他に、事業規模による格差も生じています。

この他に、男性の生涯賃金（新卒から60歳まで同一会社で働いて得られる収入）の学歴による比較を見てみると、**中卒（45年勤続）が2億2000万円、高卒（42年勤続）が2億4000万円、高専・短大卒（40〜41年勤続）が2億4000万円、大卒（38年勤続）が2億8000万円となります**（平均年収に勤続年数を掛けた金額で、退職金は含みません。データは、独立行政法人の労働政策研究・研修機構の「ユースフル労働統計――労働統計加工指標集2013」の10年時点での調べによります）。

ただし、転職している場合は、これらの生涯賃金からさらに3〜5千万円のマイナスが生じます。他の統計を見ても、同一企業で働いた場合は概ね中卒で2億円強、大卒で3億円弱と推計されており、ちなみに一生涯フリーターだと6〜7千万円の生涯賃金で終わってしまうようです。また、職種で見た場合でも、生涯賃金は断トツのTV局が4億4000万円から最低の農林水産業1億7000万円まで、猛烈な格差が見てとれます（06年10

月7日号の「週刊東洋経済」が「会社四季報」のデータをベースに推計)。

世の中、不平等で格差だらけだということがおわかり頂けるでしょうか。

しかし、第1章でも述べた通り、収入が多いからといって幸福とは限りません。

大企業のほうが、中小企業より賃金水準は高いものの、企業によってはいまだにサービス残業の長時間労働が横行していたり、専門スキルといえるものが培えない職場にいたら、リストラに遭っても転職もままならないでしょう。

妙なプライド意識があると、ツブシの利かない狭窄的《きょうさくてき》視野にとらわれるばかりで、会社から放り出されたら路頭に迷うだけの人にもなりかねないのです。

実際、これからの厳しい時代を考えると、大企業に勤めることこそ、人生最大のリスクを背負うことになるといっても過言ではないからです。

となると、やはり人生、生まれた時から不平等なわけですから、万人に平等に与えられた一日24時間というものを、自分にとってどれだけ有効に使うかということを考えたほうがよいでしょう。

そして、組織の中で上司の顔色を窺い、出世をエサにちらつかされてラットレースに励み、余計なストレスをため込まないですむように、1日も早くリタイヤすることが望ましいのです。思考を転換すれば、とてもリラックスして、人生を前向きにとらえられるようになることを知っておきましょう。

パラダイム転換というやつです。

人生で一番大切なものはお金や出世ではなく「自由」です。

自由を人生の目標の第一義に置き換えることこそが大切なのです。

すると自由と同列に「時間」や「健康」が浮かび上がる筈です。

お金はあくまで手段にすぎず、収入が少なくとも、楽しく自由に生きる道はいくらでもあるのです。収入の少ないことばかりに目を向けて、今の境遇を嘆いていると、今の境遇での不幸なラットレースを生涯強いられ続けます。

さっさと自由を得る為へ、早々と思考転換すると視野がひろがり、自由を得る為に、今現在何をしなければならないかということが見えてくるはずです。

米国の心理学者マズローが唱えた欲求5段階説をご存知でしょうか。

欲求には5段階あり、下層の欲求が満たされないと上層の欲求が満たされないとするもので、最下層の「生理的欲求」から始まり「安全の欲求」さらに「社会的帰属の欲求」「社会的承認の欲求（出世欲）」を経て、最上層の「自己実現の欲求」に至るというものです。

しかし、ただ横並び意識のままに、ラットレースを続ける勤め人は、著者が考えるに大部分の人が、自分の好きなことを行なえる「自己実現の欲求」を満たすところまで到達出来ずに死んでいくのだろうと思います。

これでは、淋しいではありませんか。

もっと達観して真摯《しんし》に自由を求める行動をこそ今から起こしていくべきなのです。

POINT

マネーの掟⑥

世の中はもともと不平等です。他人の収入を羨《うらや》み、自分の収入の少ないことを嘆いていても始まりません。

「お金」を第一義にとらえるのではなく、「自由」を第一義にとらえ直せば、ラットレースから早々と脱出する道が開けるのです。

学歴別・男女別平均生涯賃金（2010年）

	男性	女性
大学卒	2億8,000万円	2億4,000万円
	2億5,000万円	2億円
高専・短大卒	2億4,000万円	2億円
	2億円	1億6,000万円
高卒	2億4,000万円	1億8,000万円
	2億円	1億3,000万円
中卒	2億2,000万円	1億4,000万円
	1億8,000万円	1億1,000万円

※上段は同一企業に勤めた場合、下段は転職ありの場合。

（「ユースフル労働統計――労働統計加工指標集2013」より）

《マズローの欲求5段階説》

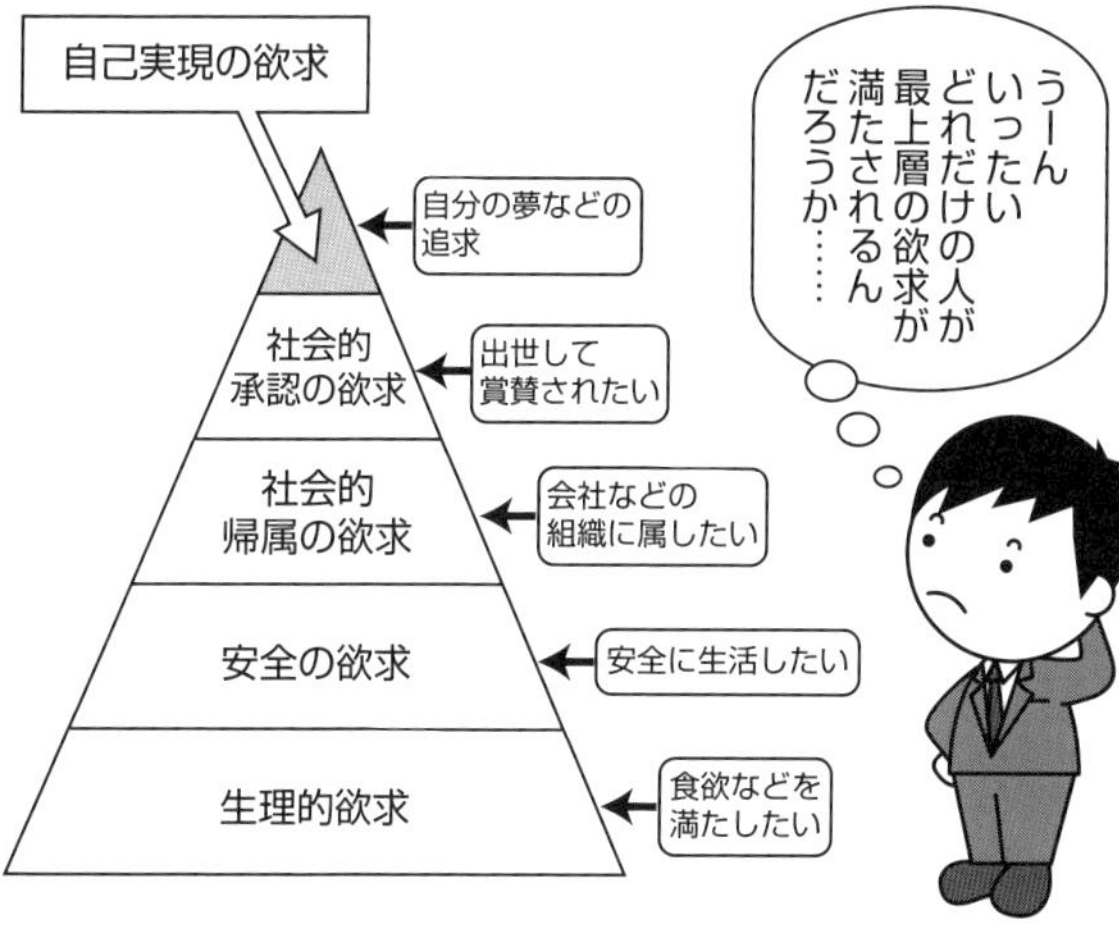
自己実現の欲求
自分の夢などの追求
社会的承認の欲求
出世して賞賛されたい
社会的帰属の欲求
会社などの組織に属したい
安全の欲求
安全に生活したい
生理的欲求
食欲などを満たしたい
うーん いったい どれだけの人が 最上層の欲求が 満たされるん だろうか……

貯蓄の額は年収に比例するわけではない！

前項で、生涯賃金についてふれましたが、仮に2億5千万円の生涯収入があったとすると、それは大体どのように使われることになるのかを考えてみましょう。

税金の他、健保や年金などの社会保障費にざっと30％で約７５００万円（10年度の所得に対する国民負担率は財務省データで38・５％）。

自宅マンション購入に際し、３５００万円のローンを組むと総支払額は約６千万円。

子供１人がいて、すべて公立、国立で大学まで進学した場合の費用が約３千万円。

これだけで約１億６５００万円かかります。

すると残りは８５００万円になってしまいます。

毎月の生計費を20万円でやりくりするとしても、定年までの40年間で、ざっと９６００万円です。

すると残りはなく、すでに１千万円のマイナスが生じているのです。

奥さんがパートで働いて埋め合わせ、何とかトントンになるのでしょうか。

そして定年時に、退職金を1500万円から2千万円貰えたとして、老後の20年、30年で取り崩すとなると、1年当たりたかだか50~60万円程度です。月に直したら、わずか4万円ぽっちなのです。

仮に夫婦揃って毎月23万円のモデル年金額を貰えたとしても、毎月30万円にも満たない額では生活するだけでも四苦八苦です。

どちらかが病気になっても、入院治療費も払えません。

いったいどうしようかといったところでしょうか。

会社という組織の中で、必死にラットレースを続けたところで、定年後に待っているのは、何の楽しみもない、貧乏な生活だけなのです。

冒頭にも記しましたが、このことに早く気づくことが大切です。

そして、多くの人と同じことをしていたら、同じようにしかならないのです。

筆者は30代で迎えたバブル期に、サラリーマンの身の上でありながら調子に乗って1億円もの借金を背負ってしまったことはすでに述べましたが、このことに気づいたことによって、このマイナスからの再スタートをプラスの資産に代えることが出来たのです。

あなたの同僚や、ご近所の人など、周囲にいる人達と同じような考え方で同じような生活を続けていたのでは、死ぬまで侘《わび》しい人生になってしまう――ということを申し上げておきたいのです。

では、まず最初に行なうべきは何でしょうか。

当たり前のことですが、貯蓄をすることなのです。

そして、少しでも早く、ある程度まとまった資金を作ることに他ならないのです。

あなたは毎日の生活だけでも苦しいのに、どうやって貯蓄をするのかとお思いでしょうか。そういう人達は大勢います。

金融広報中央委員会の「家計の金融行動に関する世論調査（2人以上世帯調査）」の12年の調査結果によれば、無貯蓄世帯が26％となっています（単身者世帯も含めた全世帯平均だと約3割が無貯蓄世帯）。

この26％を年収別に見ると、何と年収1200万円以上の層でも5・1％の人が無貯蓄です。年収1千万～1200万円未満の層で11・4％、年収750万～1千万円未満の層で10・3％、年収500万～750万円未満で18・2％、年収300万～500万円未満で24・3％、年収300万円未満で36・6％、無収入の層で58・1％となっています。

年収が高くても、無貯蓄の人達がかなりいることに驚かれたでしょうか。

しかし、では無貯蓄世帯以外の貯蓄があると答えた74％の世帯は、どれぐらい金融資産を保有しているのでしょう。平均値では、少数の高額資産保有世帯によって大きく平均が引き上げられてしまうので、中央値（保有額を少ない順、あるいは多い順に並べた時に真ん中に位置する世帯の金融資産保有額）で見てみると、それは450万円となっていてます（平均値だと1108万円。なお、住宅ローンを含む借入金のある世帯が4割あり、その中央値は1000万円で平均値は1340万円）。

いかがでしょうか——。

貯蓄をしている人の、真ん中がこの金額なのです。

あなたはこれより多いでしょうか、あるいは少ないでしょうか。

しかし、この中央値の貯蓄額では、到底老後の備えとしては安心出来ないのはいうまでもありません。

これをいかに効率よくふやすかということに、未来がかかっているのは論を待たないのです。

ちなみに、同じ調査で老後の生活費における年金に対する考え方を問うと、「年金でさほど不自由なく暮らせる」という世帯は、たったの3・9％、「ゆとりはないが、日常生活程度はまかなえる」世帯が49・9％、「日常生活程度もまかなうのが難しい」世帯が45％、無回答が1・2％となっています。

年金で暮らせなければ、貯蓄の取り崩しか、老いてなお働かなければ生活は成り立ちません。

こうしたことを考えて頂ければ、お金に困らない生活を、何としても定年前までに実現しておく必要性が、身にしみておわかり頂けたのではないでしょうか。

POINT マネーの掟⑦

貯蓄をしていない世帯が約3割にも及ぶこと、また貯蓄をしていても400万円そこそこにとどまっていたのでは、安心した老後は送れません。今のうちからもっと貯め、何が何でもふやす必要があるのです。

《年間収入別・無貯蓄世帯比率（全世帯の約3割が無貯蓄）》

•無収入……………………58.1%
•300万未満………………36.6%
•300～500万未満………24.3%
•500～750万未満………18.2%
•750～1000万未満……10.3%
•1000～1200万未満…11.4%
•1200万以上……………5.1%
ひゃー
年収1千万円以上
の世帯でも16・5%は
無貯蓄なんだあ！

老後の生活費の収入源（3つまでの複数回答）

（%）

就業による収入	42.7
公的年金	79.9
企業年金、個人年金、保険金	39.8
金融資産の取り崩し	28.5
利子配当所得	2.3
不動産収入（家賃・地代など）	4.7
子供などからの援助	4.3
その他	4.7

《年金に対する考え方》

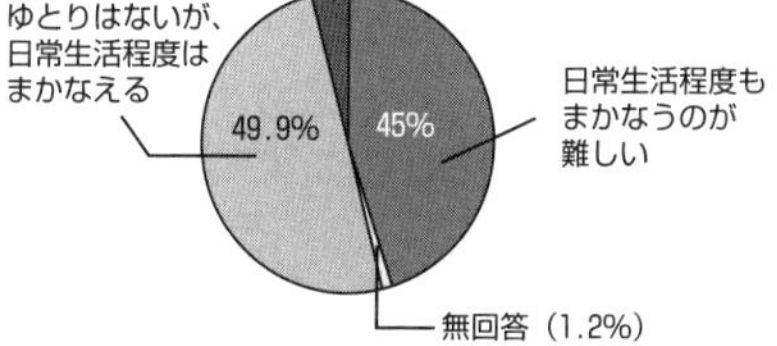
年金でさほど不自由なく
暮らせる（3.9%）
ゆとりはないが、
日常生活程度は
まかなえる
49.9%
45%
日常生活程度も
まかなうのが
難しい
無回答（1.2%）

※上記データはすべて金融広報中央委員会の「家計の金融行動に関する世論調査（2人以上世帯調査）」の2012年調査結果によるものです

自分の家計のBS（貸借対照表）&PL（損益計算書）を作ってみよう！

あなたが勤めている会社の業績は、財務諸表という〝成績表〟で評価されます。

財務諸表は、一定時点における会社の財政状態を表わす**「貸借対照表」**と、一定期間の経営成績を示す**「損益計算書」**が代表的なものになっています。

もう少し付け加えるなら「貸借対照表」はバランスシート（BS／Balance Sheet）といい、一定時点の資産とその調達先を示すもので、資産＝負債＋資本という等式で表わされます。

簡単にいえば、「貸借対照表」は一定時点の会社の所有している資産が、どうやって調達されたものなのかということを示しているのです。

負債（借りたお金）で調達したものなのか、資本という返済する必要のない自分の資金（発行した株式で調達したお金）なのかがわかり、資産に対して資本の比率が大きければ、それだけ自己資本比率が高いことになりますから、財務の安定性が高いということになるのです。

一方、「損益計算書」は、一定期間の家計簿のようなものになります。

PL（Profit and Loss Statement）といい、当該期間の売上から費用を差し引き、黒字か赤字かということが一目でわかるようになっているものです。

「貸借対照表（BS）」だの「損益計算書（PL）」というと、とっつきにくい方もいるかもしれませんが、何のことはありません。構造は実にシンプルなのです。

このBSとPLを、ざっくりですが、あなたの家計に当てはめてみると、現在のあなたの家計の状況が、かなり明確になってきます。

この項の最後に、29歳で独身のAさんと42歳で家族（妻と子供2人）をもつBさんのBSを例として作ってみましたので、あなた自身の家計のBSと比較してみるとよいでしょう。

ところで、BSの表を作る時、注意して頂きたいのは、いずれも現時点で換金した場合の時価で記入するということです。

たとえば、マイホームのマンションを所有しているとしたら、それを今売却したらいくらになるのかという時価での記入になるのです。

あるいは、マンションを購入した時のローンをいくら借りたかの額ではなく、現時点で残っているローンの額を記入するということになります。

そして、もうひとつ留意したいのは、資産の場合は、換金しやすいものから順番に並べていくということと、負債（借金）の場合は、返済期間の短いものから順番に並べていくということです。

これらの家計のBS、PLを半年の期間毎に作っていくと、半年前あるいは1年前、2年前と比べてみることが出来るようにもなるのです。

PLに関していうならば、インターネット上にある家計簿サイトをそのまま利用してみるのも一法です。

たとえば「**web家計簿**」（http://kakeibo.neut.co.jp/）などは、携帯電話からでも収入・支出の数値入力が可能ですし、日々の収入・支出額を入力したものを、項目別の金額推移でも見ることが出来ます。

もちろん無料で活用出来ます。

また、家計のBSを作ることは、企業会計の仕組みを簡単に理解する上での基本知識を学ぶことにもつながります。

先に「自己資本比率」という言葉を使いましたが、これは、**自己資本比率＝自己資本÷**

総資産の計算式で導かれます。

同様に「負債比率」を出すなら**負債比率＝負債÷自己資本**という計算式になるのです。

この値が、100％以下ならば《負債∧自己資本》ということになり、財務安定度が高く、100％以上ならば《負債∨自己資本》ですから、数値が上がるほど財務安定度は厳しくなるのです。

また、「固定比率」を出すなら、**固定比率＝固定資産÷自己資本**という式になり、会社なら機械類や工場建物や土地など長期にわたって使用するものが、負債（借金であり他人資本）で購入されているより、自己資本で購入されているほうが、財務の安定度が高いのはいうまでもなく、100％以下であることが標準とされています。

家計でいうならマイホームにどれだけ自己資本が組み込まれているかということです。

他にも「流動比率」は、**流動比率＝流動資産÷流動負債**という式で表わされます。

これは、負債の中でも1年以内に返済する必要のある借入金や、税金の支払いといったものは、支払い時にすぐにも換金出来る資産によって裏づけられていることが望ましいということを意味し、最低でも100％以上、理想としては200％以上あれば、短期的支払いには支障がないことを示しているといわれるものです。

あなたの家計のBSでも、カードローンなどの短期負債が、いったいどんな物に置き変わっているかを見てみると面白いでしょう。

細かく数値を出さなくとも、アバウトな数値でこうした表を作り、本当の意味での正味の資産といえる、自己資本の額をふやしていくことが大切なのです。

いかに貯蓄が必要か、一目でわかるのも面白いところといえるでしょう。

POINT マネーの掟⑧

マイBS、マイPLを作ることで、あなたの家計の財政状態や家計の収支状態が、一目でわかるようになります。

自分の家計を企業会計に見立てる視点をもつと、会計の基礎も学べて一石二鳥となるわけです。

あなたの家計のBSやPLを作ってみよう!

ＢＳ（貸借対照表）

資産の部	負債の部
金融資産 ＋ 実物資産	短期負債 ＋ 長期負債
	自己資本 ← 正味の純資産といえる
合計額	＝ 合計額

ＰＬ（損益計算書）

年間収入
－ 年間支出
＝ 年間余剰分

Aさん（29歳・独身）のBS

資　産		負債＋自己資本	
現金	3万円	クレジット	8万円
銀行預金	10万円	オートローン	6万円
銀行定期	20万円		
MMF	0円		
株式投信	0円		
株式	0円		
オートバイ	5万円	自己資本（純資産）	28万円
マウンテンバイク	4万円		
資産	42万円	負債＋純資産	42万円

Bさん（42歳・妻と子供2人）のBS

資　産		負債＋自己資本	
現金	10万円	クレジット	5万円
銀行預金	30万円	オートローン	45万円
銀行定期	60万円	教育ローン	60万円
MMF	30万円	住宅ローン	1900万円
株式投信	100万円		
一時払い養老保険	100万円		
自家用車	20万円	自己資本（純資産）	840万円
自宅マンション	2500万円		
資産	2850万円	負債＋純資産	2850万円

Bさんは資産規模は大きいけれど、自己資本比率は、3割を切って29％だ。老後に向けてもっとふやしておかないと心配だね
Aさんは資産規模はまだまだ小さいけれど、自己資本比率は6割強の66・7％だ。一見堅実そうだけどクレジットやオートローンを安易に使いすぎだよ。早く返したほうがいいね

コツコツ貯蓄を成功させるツボとは？

前項で、マイBS、マイPLについてふれましたが、いかがでしょう。

1カ月の収支状況をチェックしたり、半年毎に現在の家計の財政状態をチェックしていくと、いかに自分の貯えが少ないか、いかに非効率的な生計に陥っているかが、形となって見えてくることがおわかり頂けたと思います。

ここではズバリ、貯蓄を積極的に行なっていくコツについて説明致します。

はじめに、意識しなくとも、なんとなく毎月少しずつ貯蓄が出来ている人について考えてみましょう。

そういう人は、例外なく天引貯蓄を行なっている人だといってよいでしょう。

たとえば、会社に財形貯蓄制度がある人は、預金口座に振り込まれる金額そのものが、すでに天引されています。

人によって、天引きの額はさまざまですが、財形貯蓄を使えば簡単に引き下ろし出来なくなるわけですから、毎月確実に一定額は貯まっていくことになるのです。

会社に財形制度がない人でも、銀行の自動積み立ての引き落とし日を、毎月の給料日に設定しておけば、同様の効果が期待出来るでしょう。

つまり、自分の手元に始めから使えると思ってしまう余分なお金を置かないようにするということが大事なのです。

お金が普通口座の残高にあると、ついつい使い切ってしまいます。

ならば、毎月あらかじめ使ってよい金額だけを残し、その金額の範囲内でだけ生活するようライフスタイルを改めることが大切なのです。

これが一番のおすすめ方法というわけです。

しかし、お金が貯まらない人は、毎月振り込まれた給与を、毎日の生活の中でダラダラと無計画に使い続け、給料日前にはいつも金欠になってしまっているものです。

すると、足りないお金を補う為にクレジットカードでの支払いや、キャッシング枠で現金を調達したりといった行動に走りがちです。

それでは、毎月の給料分以上使うことになり、ボーナス時に一括精算する破目にもなって、ボーナスさえも満足に残せない生活に陥るのです。

これでは、いつまで経っても貯蓄は出来ません。

毎月、決まった、あるだけのお金で生活するようにすることが大切なのです。

そうでないと結局、同じような生活を続けている友人達と「給料が安いから貯金も出来ないよなあ……」などと嘆き合って、妙な安心感だけを育むようにもなるのです。

こうした悪循環は、まさにお金の生活習慣病にかかっている状態です。

どこかで改めないと、アリとキリギリスの寓話ではありませんが、いずれ借金地獄に陥って、多重債務者としてニッチもサッチもいかなくなるのです。


お金は麻薬のようなものです――。

お金を使えば、欲しい物が手に入り、好きな物を食べられ、一時的な快楽に酔い痴《し》れることが出来るのですから……。

しかし、一瞬の快楽の為に失うものの大きさも考えてみる必要があるでしょう。

たかだか数千円、数万円で得られる快楽などはたかが知れています。

一生、好きでもない上司にヘコヘコ頭を下げ続け、定年後に何も残らず、貧しい老後を迎えるだけなのです。

ラットレースから逃れ、一日も早く、働かなくても好きなことをしていられる自由な生活をこそ、手に入れるべきだとは思いませんか――。

そんなこと出来ない――と思っているあなたは、あなた自身を騙し続けていることに気づくべきなのです。世の中には、周囲のだらしない人達に流されることなく、コツコツと貯蓄を続け、身の丈にあった投資で資産を殖やし続け、自分で自分の自由なライフステージを築いた人は大勢いるのです。

数年前、ハワイのリゾートホテルで著者とたまたま知り合いとなった40代のある男性は、生家が貧しかった為、中学卒業後すぐにすし職人に弟子入りしたものの、先輩職人のイジメに耐えかねてそこを飛び出し、20歳になるまで職を転々とし、長距離トラック運転手になったことでラジオを聴くようになり、ある番組がきっかけで貯蓄に目覚めたのだといいます。それからコツコツとお金を貯め始め、株式相場が下がる度に株を買い増して、今では不動産の家賃収入だけで年間2千万円強が、転がり込んでくる自由なライフステージを築いています。

埼玉県にある自宅の庭には、趣味で手がける自慢の無農薬野菜栽培用のビニールハウスがいくつもあり、年2回家族4人での海外旅行を楽しむ、優雅でのんびりした生活を送っています。

彼の場合は、20歳から40歳までの20年間、節度を守る生活を続けることでこうした境遇を切り拓《ひら》いたのです。

周囲の自分と同じような人々に流されていては、いつまで経ってもその人達と同じ、金欠の生活習慣病からは逃れられないのです。天引き貯蓄を励行し、あるだけのお金で生活するように習慣を改めれば、誰でもこうしたステージに辿り着くことは可能なのです。

ラットレースに身をやつしていても、年をとったらリストラにおののくばかりのサラリーマン生活では哀れではありませんか。

自己実現を図る為にこそ、人生はあるのだ——と、気持ちと習慣を一刻も早く切り替えるべきでしょう。

POINT マネーの掟⑨

今すぐ、天引き貯蓄を始めよう。そして、残ったお金だけで生活出来るよう、気持ちと習慣を切り替えよう！

コツコツ貯蓄を成功させるコツは?

※お金の生活習慣病から抜け出す第一歩がこれだ!

①天引き貯蓄にする
おすすめは財形貯蓄！条件を満たせば住宅資金や教育資金の低利融資も受けられるぞ
勤務先の会社に制度がなければ、銀行の自動積み立てを給料日引き落としにして天引き貯蓄を始めよう！

②残ったお金だけで生活する
うーん……残高が残り少ない
通帳
クレジットで切り抜けたいけど、一時の快楽はタカが知れてるからやめとこう！

「72の法則」を知っていればいろいろなことが見えてくる！

前項で天引き貯蓄をおすすめしましたが、では一体毎月どれぐらいの額を貯蓄していけばよいのでしょうか。

手取り月収15万円の若い独身者の場合もあれば、35万円の家族持ちの人もいます。

もちろん、これまで繰り返し述べてきたように、収入が多くても支出の多い人は、思うような貯蓄もままならないでしょう。

そういう意味でいうなら、貯蓄を励行する上で月収15万円も35万円も、収入額にさほどこだわる必要はないのかもしれません。

ただし、節約を十分に行なえれば、たとえ扶養家族がいたとしても、手取り月収が多いほうが節約の効率も上がるので、それだけ有利にはなるでしょう。

しかし現実は、家族がいるほうが節約はむずかしくなるのです。

夫が働き、妻が専業主婦の場合、どうしても個々の消費シーンでは複数の意志がはたらくことになるわけですから、独身と違って節約の徹底がむずかしくなるといっても過言ではないのです。

夫も妻も、お互い常に、節約意識のすり合わせを行なっていなければ、そうそううまく事は運ばないのです。

小学生の子供の塾通いひとつとっても、夫はもっと安くてすむ通信教育にすればよい、などと思ったとしても、妻が十分に子供の学習フォローを出来る環境に恵まれていなければ、通信教育任せではかえって学力の低下が心配になってしまいます。

また、妻がスーパーで買い物をするにしろ、ギリギリの食料品ばかりでは、夕食の献立の彩りが悪くなりすぎ、夫や子供からクレームがつくといったことにもなりかねないからです。

となると、共同生活での節約は、うまくいけば効率的ですが、意識の共有化や統一化を図るまでには時間もかかり、その手間を惜しむと家庭不和の元にもなるので、なかなか一筋縄ではいかないものなのです。

こうしたことを考えると、収入は少なくとも、こと節約に関しては独身者のほうが断然有利ともいえるわけです。

いずれにせよ、節約の基本は、いくら貯めるかということと、その為に何を節約するのかという方針の明確化が要《かなめ》になるのです。

米国のある有名なキリスト教の一派では、在宅の信者は毎月収入の1割を寄進することになっています。その資金で宣教者を世界中に派遣し、さらなる布教活動を行なうことに皆も賛同しているからだといいます。信者の人達は、1割を寄進したあとの残りの収入9割の中から、さらに1割あるいは1割5分という形で貯蓄したりしているそうです。はじめから1割は神様に感謝を捧げるものとして、9割しか自分のものにはならないと思っていればこそ、長い年月の間には、自然なこととして受け入れられるようにもなるのでしょう。

また、社会人になったばかりの人へ貯蓄をすすめる話などにも、毎月手取り収入の最低1割は貯金しましょう――という呼びかけが、よく登場します。

物事ははじめが肝心、社会人になってすぐにも、収入の1割ぐらい貯められなくてどうするのか、といったところなのでしょう。

しかし、手取り10万円の1割だと1万円ですから1年でたったの12万円。20万円なら2万円ですから1年で24万円。30万円なら36万円。40万円でも48万円です。

いささか少ないとは思われませんか――。

2割ならどうでしょう。手取り10万円の2割は2万円ですから1年で24万円。20万円なら4万円ですから1年で48万円。30万円でも72万円になります。

これなら手取り15万円の人なら、1年で36万円ですから、3年で100万円ぐらい貯まります。手取り35万円の人なら1年と2カ月程度で100万円になります。

個々人の事情はさまざまでしょうけれど、せめて最低3年で100万円ぐらいは貯めて頂きたいのです。

100万円あれば、まずは投資運用していくに際しても、ボリュウム感が味わえるし、それなりの投資効果も期待出来るからなのです。ちなみに、いつまでも貯蓄をしていたのでは駄目だということも併せて知っておきましょう。

「72の法則」という、簡単にリターンとその期間が求められる公式があるのです。

14年3月3日時点のメガバンクの普通預金の年利は、概ね0・02%です。

72の数値をこの0・02で割ると3600という数値が導かれます。

これは、100万円をメガバンクの普通預金に、ずっと同じ0・02%の金利で預けた場合に、2倍の200万円になるのに何年かかるかということを表わしているのです。

答えは、なんと3600年もかかるということです。

1年定期の場合でも、概ね金利は0・025%程度ですから、72をこの数値で割ると1000万円が複利で2000万円になるのに2880年かかることがわかります。これは、年に7・2%の利回りがあれば、元本が2倍になるのに10年、3倍になるのに15年、4倍になるのに20年を要するという、複利計算を逆にして生まれた公式なのです。

かつての高度成長期には、金利が4~5%の時代があったものです。

これなら、1億円を銀行に預けておくだけでも、利息だけで4~500万円にもなったものでした(ただし物価も上がっていたので預金していただけではマイナスになった)。

低金利が当たり前のような現代において、預金の利息だけでお金をふやすなどということはもとより無理だということを第一に知っておかなければならないのです。

POINT

マネーの掟⑩

毎月の貯蓄を続け、せめて3年で100万円は貯めよう! 100万円貯まれば、身の丈に合わせた投資にも取り組めます!

最低でも3年で100万円は貯めたい!

雪だるまを作る時の
要領を思い出して下さい!
雪をまとめて、ある程度の
固まりにしないと
転がっていかないのです
身の丈に合った投資に
取り組むにしても、
最低100万円
ぐらいにまとめて
運用しないと
旨味もないのです
コロコロ…
100万円

72の法則とは?

72 ÷ 利率 = 2倍になるのに要する年月

※例えば100万円をメガバンクの普通預金(年利0.02%)に同じ利率でずっと預けた場合に2倍になる年数は?

72 ÷ 0.02 = 3600(年)

なんと
3600年も
かかって2倍の
200万円に
なる計算だ
預金金利じゃ
とうていお金は
ふえていかない
道理だよ

COLUMN ②

年金制度の厳しい現実とは？

サラリーマンの年金は、基礎年金（国民年金）と厚生年金の2階建てですが、基礎年金は当初より65歳からの支給であり、厚生年金は当初は55歳からの支給でした。

それがやがて60歳からとなり、現在はさらに65歳からの支給へと段階的変更の過渡期にあたっています（61年4月2日以降生まれた男性と66年4月2日以降に生まれた女性が老齢厚生年金を受給できるのは65歳以降）。

また、政府は近年、支給開始年齢を70歳に引き上げることも検討中です。これも、少子高齢化の影響が甚大だからです。

1961年4月から国民年金法が適用され（保険料徴収）、1985年の制度改正で基礎年金制度が導入されました。

今日のサラリーマンの2階建て年金制度が整ったわけですが、1961年の平均寿命は男性65歳、女性70歳でしたが、今では男性79・94歳、女性86・41歳です（2012年）。

平均寿命が50年間で、15～16歳も延びたのです。

反対に支え手である現役世代の人口は減っています。

年金制度を維持するには、受給開始年齢を上げるか、支給額を減らすか、税金投入を増やすか、保険料を上げるか、以外に方法はないのです。

第3章

賢くお金を残す！　無駄のなくし方

——こんなにある無駄なお金の使い方

節約の効果はお金の絶対額で決まってしまう！

毎月の貯蓄額は多ければ多いほどよいのが当たり前です。

毎月3万円よりも5万円、7万円よりも10万円といった具合で、それが1年を通してどれだけ大きな固まりになるかということが問われてくるわけですから。

1年で50万円貯められたら、10年では５００万円以上になるでしょうし、1年で１００万円貯められれば、10年では1千万円以上にもすることが出来るというものなのです。

この当たり前のことを愚直に実行する為には、毎日の節約が大切なのはいうまでもありません。

08年9月の米国のリーマン・ブラザーズ証券の破綻以来、世界は同時不況の様相を呈しましたが、こんなご時世だからこそ人気があるのは、やはり良質で廉価なモノやサービスです。不況になるほど、世の中は節約志向となる為、そうしたニーズに応えることの出来る企業が、多くの低迷企業の中で、ひときわ輝くことにもなるのです。

ＴＶニュースなどでも、サラリーマンが昼食をワンコイン（５００円以内）ですますといった風潮がさらに進化し、家から弁当持参の人が増殖中だと伝えられました。

中でも、独身でありながら、自ら弁当を作り持参するという「弁当男子」と呼ばれる若い人までが、ちらほら見かけられるようになったといいますから、1億総節約時代が到来したかのような趣きです。自分で弁当を作れば100円程度で出来るなど、節約をうたった弁当レシピ本まで好調に売れているというのですから驚きです。

近頃の若い男性サラリーマンは、なかなかどうしてシタタカなツワモノ揃いのようにさえ思えてくるのです。

ところで、節約といえば、スーパーの閉店間際に駆け込んで、350円の総菜を2割引の280円でゲットするなどの光景が思い浮かびます。

しかし、こうした努力は大したものですが、トータルで考えた時には、意外にも節約の効果は、さほど大きくなっていないことにお気づきだったでしょうか。

毎日10円を節約しても1年間でたったの3650円です。毎日100円節約しても1カ月で3千円、1年間でも3万6500円にすぎないのです。

毎日千円ぐらいまで節約出来てはじめて、1カ月で3万円、1年間で36万5000円という、かなりまとまった金額の節約ということが行なえるわけなのです。

となると、あまり小さな金額である50円、100円といった単位での節約にばかり頭を回しているのは、時間的にも、精神衛生上においても、あまり快適な態度とはいえないでしょう。節約ということに、細かくこだわればこだわるほど、何か別の大切なものを見失ってしまっている恐れ大のような気さえしてきます。

何事もほどほどが肝心ということでしょう。

節約に励むなら、むしろ金額の嵩《かさ》むものにおいてこそ、その注意力を発揮すべきだといいたいのです。そう、**絶対額の大きさにこそこだわるべきなのです。**

例えば、100円ショップでも売っているものを、街の文具店などで買うと思わぬ出費にビックリすることがあります。

切り抜きコピーなどを収納するのに便利なクリアファイルなど、頁数にもよりますが、文具店なら500円以上はしますから、100円ショップがおすすめでしょう。

あるいは、会社の同僚と繰り出す飲み会なども、1回付き合えばワリカンでも最低3千円ぐらいにはなってしまいます。これを週2回行っていたのを週1回に減らすだけでも、月に直すと1万2000円浮くのです。

また耐久消費財の購入においては、薄型テレビにしろ、デジタルカメラにしろ、街の量販店で買ったほうがトクか、ネットショップで買ったほうがトクなのか、ポイント数も合わせてチェックしないと、時には数千円から万円単位で値が違うこともあるくらいです。

1年のうちで、数千円、数万円違ってくるというのは、節約においても最も効果が上がっているものだと認識しておいたほうがよいのです。

なお、基本的には、耐久消費財は値が張るものです。しかも、買ったとたんに価値はどんどんなくなっていくものです。新品にこだわらなければ、リサイクルショップには豊富な品揃えがあり、時節柄多くのお客が殺到しています。

こうしたお店を利用しない手はないでしょう。中には新古品（店頭展示しただけの製品）が、半額程度でいくつも並べられているといった光景に出くわす場合もあります。

こうしたところで、万円単位の節約が出来るならば、願ったり叶ったりではないでしょうか。

また、サラリーマンの場合、最新の話題にも通じておく必要がある為、駅売店などでサラリーマン向け週刊誌をついつい買ってしまいがちです。

一冊350円の週刊誌を毎週買えば1400円、さらに2冊、3冊と買い込んでいると金額はさらにふくらんでくるのです。

それを少しでも浮かせようということなら、お昼休みは安いコンビニ弁当を買って、ソフトドリンク飲み放題の漫画喫茶にでも入ってしまえばよいのです。漫画喫茶にもサラリーマン向けの週刊誌が何冊も並べられています。

そこで読みたい週刊誌の記事だけを、何誌もまとめて読めば、すっかり用済みになります。教養娯楽費も食費も軽減出来るというものなのです。

チリも積もれば山となるといいますが、あまりにも小さすぎる節約は、積もっても山にならないばかりか、精神的にも有害です。

むしろ少しでも値が嵩むものの節約に向けて、合理的行動を追求したほうが、節約の実がなり、貯蓄もすすむのです。

POINT マネーの掟⑪

節約の効果は、絶対額の大きさへのこだわりと、それに伴う合理的行動が鍵を握っているものなのです。

節約は価格の絶対額にこだわって行なおう

絶対額を低くする！

うーん、薄型テレビとデジカメは量販店とネットショップとではどっちが安いのかなあ…
薄型テレビ
デジタルカメラ
いや…まてよリサイクルショップなら半額程度でも手に入れられるぞ！

合理的行動を実践する！

オッ！「週刊サラリーマン」と「週刊企業ライフ」が発売されたな！　買わなくちゃ
おっと、まてよ！コンビニで弁当買って漫画喫茶に入れば、読みたい記事は他の雑誌の分まで読めちゃうぞ
売 店

《160万円のマイカー保有の場合》
※月間経費で見てみると……

•3年ローン返済	毎月48,000円
•ガソリン代	毎月10,000円
•駐車場代	毎月17,000円
•整備費（月当たり）	1,000円
•車検代（法定24カ月・月当たり）	1,300円
合計	77,300円

★年間だと927,600円に……！

なるほどそうかー絶対額にこだわった合理的行動が節約の決め手というわけかすると、たまにしか乗らないマイカーは…
毎月とんでもないコストを生じさせてるんだなあ……

時間の無駄をカットする上手な方法！

お金を節約する上で有効なのは、お金の絶対額の大きさにこだわることと、それを実現する為の合理的行動にかかっていることは前項で解説致しました。

その合理的行動とは、いうまでもなく時間の無駄を省くことにつながっています。

毎週、週刊誌を購入していると、無意識のうちにも隅から隅まで読んでしまいがちです。興味も関心もない記事までついつい拾い読みして、1冊読み終えるのにかなりの時間を要したなどといった経験はないでしょうか。

お目当ての記事だけ読み、すぐにゴミ箱へというわけにはいかなくなるのです。何しろ、1誌350円なりのお金を投じて買った雑誌だからです。

これを、前項で解説したように、お昼休みにコンビニで安い弁当を買い、ソフトドリンク飲み放題の漫画喫茶に入り、ラックに並べられたサラリーマン向け週刊誌に目を通すようにするだけで、お金の節約が出来るだけでなく、時間の無駄も省けるようになるというわけなのです。

サラリーマン向け週刊誌の目次を見ると、本当に読みたい記事というのはそれほど多くはありません。むしろ、目玉となるような記事は1本か2本、せいぜい3本あるかないかといったところでしょう。

ならば、週に一度お昼休みに漫画喫茶に入るだけで、その週に発売されたサラリーマン向け週刊誌の主だったものは、ひと通り目を通せることになるのですから、この方法論はお金の節約プラス時間の節約にも大いに貢献するといえるでしょう。

週に2回、会社の同僚と飲みに行く習慣を1回に減らすということだけでも、お金の節約だけでなく、時間の節約になっている点では同じことです。

世界的に著名な経営学者のP・F・ドラッカー氏は、何の成果にもつながらない無益な時間を洗い出すことを提唱しています。

そして、出来るだけ空いた時間をひとまとめにして、真に成果を生む事柄にこそ精力を集中すべきということをエグゼクティブの条件として説いているほどです。

時間の節約を行なうことは、お金の節約になるだけでなく、空き時間がどんどん生まれることを意味します。

それはより生産的な活動に回せる時間をまとめて生んだことにもつながっていくのです。

では、空いた時間に何をするのかといえば、寸暇を惜しんで勉強に当てるのも一つの方法といえるでしょう。

散歩しながら英会話のテープを聴くというのでもよいでしょうし、投資の本を読み、来たるべき日に備えてお金を殖やすシミュレーションをするのでもよいでしょう。

会社の同僚と飲みに行くのをやめた日など、早く帰宅してさっさと寝てしまい、早朝3時に起きてから、専門書を読んで勉強するなどというのもよいアイデアです。

これなど、ドラッカー氏が唱える、時間をひとまとめにして、真に成果を生む事柄に集中するという、時間管理の手法にも通ずるものがあるでしょう。

こうして何か物事に集中する時間を、常に生活習慣に取り入れるようにすると、もうひとつの相乗効果も期待出来るようになります。

無駄なお金を使わなくなるのです――。

ぼんやりブラブラと、手もち無沙汰の時間があればあるほど、余計な出費をしてしまうのが人間です。暇をもて余しているからこそ、パチンコに興じたり、宝くじを買ってみたり、いつもいつも居酒屋に入り浸るようにもなるのです。

本書をお読み頂いているあなたには、1分1秒も暇な時間などないぐらいの気持ちを抱いて頂きたいものです。

周囲の人と同調していてはいけないのです。

若い人は特にそうです。

「いつまでもあると思うな親とカネ」という諺《ことわざ》がありますが、著者にいわせれば「いつまでもあると思うな若さと体力」です。

人間年をとると確実に体力が衰えます。

徹夜のような日々が2、3日続いても何ともなかった20代の頃の体力は、40代にもなると、なかなかフンバリが利かなくなってくるのです。

資格の為の勉強やスキルアップの為の自分磨きの鍛錬は、若いうちこそ効果も高いということなのです。

後章で詳しく説明しますが、日々の暮らしに無駄な時間を費やすことがなくなれば、それによって空いた時間に、お金をふやすアイデアや工夫の余地が次々と生まれてくるものなのです。

そうしたことの積み重ねが、お金の無駄遣いをなくし、新たな効率のよいお金の収集へと連なっていくわけです。

お金を貯める為には、無駄遣いをなくすことが欠かせませんが、同時に無駄に費やす時間をなくし、何かに集中出来る空き時間をどんどんつくることも必要なのです。でなければ、お金は効率よく集まってはくれないのです。

平日の一日の時間の使い方を見直してみましょう。

そして、どこに無駄があるのかを見極め、空き時間をつくるように改善していきましょう。

そうすれば、土日の自由な時間と合わせ、お金をふやす為に費やせる時間がどんどん生まれてくるのです。

POINT マネーの掟⑫

お金の無駄遣いをなくすだけでなく、時間の無駄遣いもやめよう。そうすれば空き時間が生まれ、集中して大切な事に取り組む時間も生まれてくる！

お金の無駄遣いだけでなく時間の無駄遣いもなくそう!

うーむ！経営学の世界的権威のドラッカー氏いわく「無駄な時間を洗い出し、空いた時間をつくり出す」のかあ…
ドラッカー
そして空いた時間を出来るだけひとまとめにして、本当に有益なことに集中して取り組むことがエグゼクティブの条件というわけか…
先週のスケジュール
月 飲み会＆２次会
火 パチンコ
水 同僚とキャバクラ
木 上司とカラオケ
金 ボウリング大会と飲み会
土 馬券購入・スロットル
日 彼女とドライブ
うへーっ！ 先週のオレのスケジュールときたら無駄な時間に無駄な金ばっかり使ってるよ…

無駄な保険を見直すことによって出来る貯蓄！

日本人は保険が大好きな国民です。

終身保険やら三大疾病《しっぺい》対応の大型保障付き定期保険だの、さらにガン保険やら傷害保険など、2重3重の保険に入っている人も珍しくはないのです。

公益財団法人生命保険文化センターが公表した2010年のデータによれば、日本人の保険普及率は世帯加入率が90％にのぼり世界一だそうです。**一世帯当たり平均の年間保険料は45万6000円なので、毎月約4万円もの保険料を支払っている計算になります。**

しかし、もし病気になって入院したらとか、一家の大黒柱である自分が死んだら家族が路頭に迷うのではないかなどと過剰な心配をするあまり、多くの保険に入るのは、はっきりいって無駄というものです。保険は確率の問題ですから、健康でまだ独身のうちに入る必要があるのか、ということもありますし、あるいは中高年になって子供もある程度大きくなっているのに、高額保障の保険に入り続けているというのもおかしな話なのです。

何しろ毎月支払う保険料は、1年を通して考えると馬鹿になりません。

そうした、もしもの事態のことをアレコレ考えて、思い悩むことのほうが健康によくないことと考えたほうがよいぐらいなのです。

会社員で厚生年金に入っている人なら、万一の時残された家族には遺族年金が支給されます。また、国民年金加入の自営業の人でも、最悪の場合には生活保護の制度もあるのです。その他、会社員の場合、勤務先の会社が死亡退職金を出す為に保険に入っていることもあり、かつては会社が大部分をネコババしていたものですが、現在では遺族に渡すべきことが判例でも確立されています。

さらに、マイホームを購入し、住宅ローンを返済している人は、融資を受ける際にほぼ例外なく団体信用生命保険に加入していますから、死亡時にはローン残債が消えてなくなります。そうなると、残された遺族はローンの返済をする必要もなく、以降まるまるマイホームを取得したことになるので、住居費の心配も一切なくなるのです。

そのマイホームを売却すれば高額の現金を手にすることだって出来るわけです。

こうなると、自分が死んだあとのことまで、アレコレ考えて保険に加入し、安くもない保険料を毎月払い続けるのは、節約に反することだとは思わないでしょうか。そのぶんを貯蓄に回したほうが、年間数万円いや数10万円もの無駄を省いたことにもなるのです。

厚生労働省が5年毎に公表している統計に**完全生命表**というのがあります。

それの第21回生命表（10年・男性）によれば、人口10万人当たりの生存数で、20歳の男性は9万9401人です。この世に生を受けてから20歳になるまでに599人が亡くなったことを示しています。確率では0・6％の人がそれまでに亡くなったということになります。30歳の人では、生存数は9万8777人です。30歳になるまでに1223人が亡くなったので死亡率は0・01223になり、30歳までに1・2％の人が亡くなったということになるわけです。同様に計算していくと、40歳での生存数は9万7917人ですから、死亡率は2・08％、50歳での生存数は9万6006人ですから、死亡率は4・0％、60歳での生存数は9万1302人ですから、さすがに死亡率もはね上がり、8・7％ということになります。

いかがでしょうか。60歳になってようやくこれまでに10人に1人近くが亡くなってしまった勘定になるという状況なのです。

50歳の時点だと、まだ生まれた当時の人数の5％にも満たない死亡率なのです。

つまり、人間はそう簡単には死なないということを示しているわけです。

年齢が若ければ若いほど保険に入るのは、考えものだということなのです。

では、年をとったら入ればよいかとなると、保険料はグンと割高になりますし、今さら残された遺族に保険金でもないでしょうから、やめといたほうがよいということになるのです。

いや、それでも心配なので保険にはどうしても入っておきたいという人は、徹底的に保険料を絞り込んだ形にすればよいのです。そして、少しでも貯金に回し、投資余力を増したほうが賢明でしょう。

まず、終身保険などは、割高ですから絶対やめるべきです。最後に保険料を払わなくてはならなくなるので、保険会社もとれるだけとっておこうという保険設定になっているからです。つまり解約時に払戻金が出たり、満期時に受取金があるような保険はろくでもない保険だと思って間違いないのです。掛け捨てで十分というわけです。

あるいは、子供の成長に伴って死亡保障額が減少する逓減《ていげん》型定期保険を選んだりしたほうが、必要な保障を安い保険料で確保出来るということになるのです。

しかし、それでも民間企業の保険は高すぎます。

医療保険にしたところで、脳卒中で倒れてから給付金を貰おうとしても「医師の診断後60日以上言語障害などの後遺症が続いていなければ給付金は支払えません」などというやたら細かい**不払い条件**が付いていて、役に立たない医療保険が多すぎるのです。

病名だけで安心することなく十分注意して契約条項を確認しておくべきでしょう。

どうしても、もしもの時の安心が欲しい人は、営利を目的としない**都道府県の認可共済**に加入すればよいでしょう。月々の掛金も激安の上、入院保障も付いています。

保障額は低くてもそれなりに安心でしょう。

なお、マイホームの火災保険も、建物の築年数が経過しても保障額が減らない県民共済などの**火災共済**は、家が全焼すれば、まるまる新しい家が建てられるので損保会社の保障額が年々下がっていく民間損保のタイプなどと比較するとはるかに安心出来るのです。

POINT
マネーの掟⑬

保険は見直すべきです。どうしても入りたければ掛金激安の都道府県民の認可共済に加入し、余ったお金で少しでも貯金をふやしたほうが賢明なのです。

人口10万人当たりの年齢別生存数（男性）

年齢	0歳	10歳	20歳	30歳	40歳	50歳	60歳	70歳	80歳	90歳	100歳
生存数	100,000人	99,912人	99,401人	98,777人	97,918人	96,006人	91,302人	80,904人	58,902人	21,495人	1,317人
この年齢までの死亡率	—	0.08%	0.6%	1.2%	2.1%	4.0%	8.7%	19.1%	41.1%	78.5%	98.7%
平均余命	79.5年	69.8年	59.9年	50.3年	40.7年	31.4年	22.7年	14.9年	8.4年	4.1年	1.9年

（厚生労働省「第21回生命表（男）」2010年より計算して作成）

10万人当たりの生存数で見ても死亡する確率は50歳時点でもまだ5%にも満たないんだ
きっぱり！
60歳になってようやく10人に1人近くが亡くなる確率だから、定年までに高額の生命保険に入り、高い保険料を毎月支払うなんてナンセンスなのです

これだけある遺族のためのセーフティネット

万一死亡したとしても…

- 住宅ローンの残債は団体信用生命保険が付いているからチャラに！
- 遺族年金
- 生活保護
- 企業加入保険からの死亡退職金

どうしても保険に入りたいなら…

認可共済への加入がおすすめ！

- 都道府県民共済の生命共済は掛金が激安！
- 生命共済には入院保障も付いている！
- 火災共済なら築年経過でも保障額は減らない！

無駄な固定費を見直すだけでお金はぐんぐん貯まる！

先に、節約は絶対額の大きさにこそこだわるべきだと申し上げました。

そういう意味では、前項でふれた保険料の支払いしかりであり、またテレビや冷蔵庫、エアコン等の家電品や家具などの耐久消費財の絶対額の大きさしかりなのです。

もっとも、保険はいつでも解約して支払いをストップ出来ますが、すでに買ってしまった家電品や家具類に至っては、もはや大事に使っていく以外ないものです。

では他に、家計の中に占める絶対額の大きなものには何があるのでしょうか。

クルマがあります。地方に住んでいる人は、クルマは暮らしの足として欠かせないという事情もあるでしょうが、地方では一家で2台、3台保有しているケースも多いのです。

小型車の他に、軽自動車、そしてバイクといった具合に、家族みんなで使う上では、こうした構成がやむをえないといった場合もあるようです。

もっとも人口減少社会に入った日本では、2000年頃まで右肩上がりにグイグイ伸び続けてきた自動車保有台数も、近年は横ばい傾向となり2012年末時点の乗用車（軽含む）の保有台数は約５９４２万台で、昨今の人口動向もあって、このあたりをピークに今後は減少も予想されるところです（バスやトラックまで含めた4輪車全体は約７６１２万台。一般財団法人日本自動車工業会の資料より）。

「若者の車離れ」ということもあって、自動車メーカーも若者ニーズを取り込もうと躍起になっているようですが、携帯電話やＩＴ機器にお金を回すなど若い人のお金の使い道が多様化している現状では、よほど所得に余裕でも生まれない限りこの流れは変わらないでしょう。

何しろ、クルマは本体を買えばすむわけではなく、保有することでベラボーにお金がかかります。例えば１５００ＣＣクラスの新車で１６０万円の普通乗用車を保有していたとすると、本体価格は別にしても次のような経費が毎年出ていくことが考えられるのです。

駐車場代約20万円（大都市近郊月極1万6０００円換算）、ガソリン代約11万５０００円（1万キロ、リッター13キロ・1リットル１５０円換算）、さらに自動車税、重量税、自賠責と任意保険、車検費用にその他消耗品交換費用など合わせると年間およそ50～60万円は軽く出ていきます。

事故でも起こせばもっとかかり、下手をすると人生まで狂わせてしまいます。

1年で50万円なら10年で500万円にもなります。

クルマの売れ行きが、普通車から軽自動車に移行しているというのもうなずける背景があるのです。ましてや時代は「エコ推進」となると、クルマ保有は真っ先に何とかしなくてはならない費用といってもよいのです。

地方の人も、出来るだけ保有台数を減らすなり、バイクや自転車といった代替活用へのシフトをこそ、やはり真剣に考えるべきだと申し上げたいのです。

当然、都会に住んでいる人ならクルマは必要ないでしょう。電車やバス利用のほうが便利なくらいなのですから。

必要ならレンタカーを利用すれば、1日ガソリン代も合わせて1万円前後ですますことだって出来るのです。レンタカー会社が普及させ始めたカーシェアリングを利用すれば、時間にもよりますが、レンタカー代の半分以下の料金での利用も可能になっています。

クルマ利用以外の代替手段（例えばバイクや臨時のタクシー利用）を検討し、一日も早く無駄な固定費払いからの脱却を目指すべきなのです。

それからもうひとつ、クルマと並ぶ大きな固定費として考えなければいけないものが家賃の支払いの見直しです。

独身ならともかく、子供のいる人は通学区域の問題や、家族の通勤条件を考慮すると、今さら引越など想像しただけで腰が引けてしまうかもしれませんが、これも重要な節約テーマといえるのです。

総務省が5年毎に公表している**「住宅・土地統計調査」**によれば、2008年の全国の総住宅数5759万戸に対し756万戸が空き家になっています（全国の空き家率13・1％で関東や中京・近畿などの大都市圏だけに絞っても12・1％に達しています）。

この数値は5年毎の調査の度にふえ続けているのです（空き家率は63年2・5％、73年5・5％、83年8・6％、93年9・8％、03年12・2％）。

しかも、空き家756万戸のうち賃貸用住宅は409万戸（54・1％）と半分以上を占めています。総住宅数5759万戸のうち賃貸用住宅は約31％ですから約1774万戸にのぼります。**このうち409万戸が空き家ということは、賃貸用住宅全体ではなんと約23％が空き家になっている状況があるのです。**

この現状を見逃さない手はないでしょう。

戸建てや木造アパート、マンションなどの賃貸用住宅で、空き家になっているものの中には、たしかに家主がまったく手入れをしていない物件もあります。

しかし、今や2月~3月の転入居シーズンをはずれて建ててしまった新築物件では、いつまで経っても空き家のままで入居者が埋まらないというケースも散見されるのです。

新築ゆえに強気の家賃設定であっても、入居者がいなければ家主には一銭もお金が入ってこないばかりか、ローンで建てていれば首が回らなくなり、家賃を下げざるをえなくなるのです。

それでなくとも、現在は既存の賃貸物件の中に、掘り出しものが沢山あります。

今の家賃を見直して、家賃を数万円安くすることの出来る絶好のチャンスがあることを忘れないで頂きたいのです。

POINT マネーの掟⑭

固定費の占める比重が大きいのはクルマと家賃です。節約の余地が大いにあるので見直しが必要なのです。

固定費の大きいクルマと家賃を見直そう！

1500ccクラス・160万円
うーん、なるほどクルマの本体価格以外にも年間50～60万円もの支払いになっているわけか…10年で500万はキツイな
年間コスト
•駐車場代20万円（大都市近郊）
•ガソリン代11万5000円（1万km150円／ℓ）
•その他経費22～32万円
（自動車税、重量税、自賠責保険、任意保険、車検費用、消耗品費…etc）
合計　50～60万円位
そうかー！需要が減って借り主のほうが強気で住居を探せるんだ！今、住んでるところより安くて条件のいいところを探すチャンスなんだ
賃貸住宅総戸数
約1774万戸
23%
空き家
409万戸
※首都圏の場合なら、今住んでいる地域内に絞って探すことでも条件のいい物件に当たる確率は高いのです

住宅ローンは一生貧乏になる道の始まりであることを知っておこう！

マイホームをもつ人で、住宅ローンを利用している人は、毎月の固定費の中に占めるローン返済の額が最も大きいのではないでしょうか。

4千万円の価格で新築マンションを購入、うち3千万円が住宅ローン融資によるものだったとしましょう。仮に全期間3％の固定金利で35年返済を選択するとして、毎月の返済額は11万5455円、35年間の総返済額は、4849万円になります。

さて、憧れのマイホームとして購入したこの新築マンション――35年後の価値はどれほどのものになっているでしょうか。おそらく購入時4千万円もした物件は、3～4割の価値1200万円から1600万円程度のものになっているだろうと推測されます（場合によってはもっと低くなっているかもしれません）。

2400万円から2800万円もの価値が消えてなくなった計算です。

にもかかわらず、ローンの総支払額は4849万円です。**購入時の頭金1千万円と合わせると5849万円も支払ったにもかかわらず、35年後にいざ自宅マンションを売ろうと**

しても、1200万～1600万円程度でしか売却出来なくなっているのです。

悲しすぎます――。

「そんなこと、ほっといてくれ。低金利の時に全期間固定金利のローンで借りたから、近所の同じような間取りの物件の家賃と比べても断然安いし、時々繰り上げ返済もしていくから総支払額だって、もっと少なくなる。それに定年前までにローンを完済してしまえば、老後は住居費もいらなくなる筈だから、トータルでは損などしていない」

こんな反論がすぐ返ってくるのは承知の上です。

たしかに、年々国力を落とし続けている日本（世界シェアで見た名目GDP構成比はピーク時の94年に18・2％だったものの、12年には5・5％。また1人当たり名目GDPも93年にはルクセンブルクに次いで世界2位だった日本は12年には12位まで後退）は、将来円安となり、輸入物価の上昇からインフレが常態化するような恐れがないとはいえません。

そうなると、固定金利で借金をしている限り、金利が上昇しても、かえって負担も減り、35年後の物件価格も相対的には高くなっているかもしれません。

しかし、それは豊かさとは直接結びつかない、インフレ下の数字のマジックにすぎないものでしょう。むしろ人口も減るので不動産価格はもっと下がると考えるのが自然です。

低金利になると、金融機関も不動産業界も、マイホームを買うのは今がチャンスといいます。商売ですから当然のことです。

また、不況で不動産が売れ残り、新築物件も値を下げ、叩き売りのような状況になると、モデルルームなどにはマイホームが欲しい人達がワンサカ集まります。

そして、購入契約をして、何だかずいぶんトクをしたような気分にもなります。

しかし、それは、はっきり言って幻想です――。

新聞やテレビなどでも、「今マイホームは買うほうがトクか、借りるほうがトクか」といったテーマが取り上げられますが、**人口減少がすすみ、経済力が衰退していく国に住んでいて、マイホームを借金までして買うのは愚かだということに、なぜ気がつかないのでしょうか。今はかつての黄金の高度成長期時代の日本とは違うのです。**金融機関や住宅・建設メーカーのカモにされているのが、こうした一般の善良なる庶民なのです。

そして、挙げ句40歳前後から、リストラにビクビクしながら、家計に四苦八苦して、思い描いていた「マイホームに住む幸福な家庭像」もどこかに飛んでいってしまうのです。

家計が苦しくなると、日々のストレスから家族の人間関係までギスギスしてきます。

ささいなことから夫婦喧嘩が始まり、いつも両親の不和を見て育つ子供にとってはとんだ災難ということにもなるのです。「風水で選んだ縁起のいいマイホームだ」などと自慢していてもこういう結末を迎えるのです。

そうなると、住宅ローンを組んで、無理してマイホームを購入するなど、一生貧乏になる道を選んだといっても過言ではなくなるでしょう。

悪いことは言いません。新築のマンションなどに住宅ローンなど絶対組むべきではないのです。まだ買って年数が浅いなら、あるいは、ローン残高が物件売却価格よりも低いなら、さっさと売り飛ばし、これまでの毎月のローン返済額より少しでも安い賃貸物件を探し、移り住んだほうがマシなのです（もっとも新築を買ってすぐ売りに出しても、すでに2割程度安くなった中古物件にすぎなくなっていますが）。

そして、少しでも身軽になった上で、貯蓄に励み、それを運用していけば、加速度をつけて資産が殖えていきます。**定年の頃には、余った資産で、借金などしなくとも（年齢的にローンも組みにくい）マイホームなどいくらでも買えるようにもなるのです。**

マイホームを買おうと決断した人達の中で、まだしも賢明なのは、中古物件を購入した人達です。

しかし、それでも住宅ローンを組んで購入していたとしたら、やはり問題です。築浅の鉄筋コンクリートの中古マンションならまだしも、木造住宅だと耐用年数が短くなる為に住宅ローンの返済期間も短くなり、毎月の返済額がはね上がっているケースも少なくないのです（法定耐用年数はマンション47年、重量鉄骨プレハブ34年、軽量鉄骨プレハブ27年、木造・木質系プレハブ22年）。これでは家計を圧迫してしまうでしょう。

こうしたケースもぜひ見直して頂きたいのです。

低金利といっても、金利はタダではありません。たとえ2％といっても、3千万円の残債には元本の他に年間60万円の金利を払っているのです。3％なら年間90万円の金利です。

価値が消えていくものに大金を捨てるより、貯蓄と堅実な投資のほうが、はるかに幸福な人生が待っているのです。

POINT

マネーの掟⑮

価値が減るものに、借金までして大金を投じてはいけないのです。

マイホームとして新築マンションを借金で購入すると…？

いいマンションだわ 風水の見立ても縁起がいいんですって！
ついに俺も一国一城の主だな…
しみじみ
じゃ〜ん！
夫
妻
新築分譲価格4000万円！
35年の住宅ローンを背負う！

①購入時はハッピー

来月から給与が10%カットになるんだ！ これじゃローンが払えなくなる……。 お前も大変だろうけど どっかで働いてくれ！
ぎすぎす
子供
えぇーっ？
じゃ、この子の面倒誰がみるのよ！ アンタこそ土日バイトでもやってよ！

②だんだんアンハッピー

リストラされちゃったよ… このマンション売るしかないけど、購入時の半値以下にしかならないそうだ
エーン
あーあ運のない男と結婚しちゃったなあ… 別れて実家に帰ったほうが楽だわ

③最後は地獄……

COLUMN ③

都道府県民共済の驚異のビジネスモデルとは？

本書の94頁でもふれましたが、営利を目的としない都道府県民・認可共済のビジネスモデルには素晴らしいものがあります。

１９７３年に埼玉県で正木萬平さんという労組出身の方が考案してはじめた「埼玉県民共済」がその嚆矢です。

今やこの仕組みは、37の都道府県にまで広がり、埼玉県民にいたっては３人に１人が加入しています。

払い込み掛金の還元率を１００％にすることを目標に、現在すでに受け入れ掛金（保険料に相当）のうち、保険会社でいうコスト部分の「付加保険料」に相当する事業費はたったの３・96％、保険会社のいう「純保険料」に相当する部分が96・４％に及んでいるのです。ちなみに、日本の保険会社の「付加保険料」は５割近くに及び、広告代と人件費に大半が消えています。

「共済の給付金（実際に支払われた保険金に相当）」が、58・34％で、残りの37・７％は、毎年加入者に「割り戻し金」として、戻しています。

毎月一口２０００円の加入だと、不慮の事故１千万円、病死４００万円、後遺障害４００万円が付くうえ、１日目から１２０日までの入院には１日８０００円が給付されます。

しかもすべてが即日払いです。

なお、「火災共済」も激安掛金で再建築価格が保障されるのです。

第4章

今日から始められるお金の上手な稼ぎ方

――誰でも簡単に始められる副業のコツ

ネットを使っての副業はなかなか儲からない現実！

不景気になり、雇用の不安定感が増すほど、雇用者の副業がふえるといわれています。

では、サラリーマンの中で、副業をして稼いでいる人はどのぐらいいるのでしょうか。

07年に総務省が行なった調査によれば、「副業をしている」と答えた雇用者の割合は、たったの3・7％といたって少数派でした。

インターネット上での各種サイトのアンケート結果によれば、副業をしたことがあると答えた人は、若い人を中心に2割にのぼります。

ただし、現在も恒常的に行なっている人は、せいざい4～5％にとどまります。

マスコミなどで、副業やサイドビジネスがさかんに取り上げられている割には、あまり副業をしている人の数は少ないといえるのです。

それもそうでしょう。

何しろ、日本のホワイトカラーは、長時間労働のサービス残業が常態化しています。

昨今では、裁量労働制とやらを取り入れている企業も少なくありませんから、ますます少ない人数で、過労死寸前まで働くことが求められ、おいそれと副業などはやっていられないわけなのです。

もともと日本は、江戸時代から雇い主の下で忠勤に励むのが美徳とされてきたお国柄です。

丁稚奉公《でっちぼうこう》のような帰属意識をもつことこそが、雇用者としての心得の第一というDNAが、いまだに息づいているに違いないのです。

ヨーロッパなどの、失業率が日本より高い国々では、もともとどれが本業で、どれが副業かなどという区分けのしようのない働き方が多いので、日本でいうところの副業をしている人の割合などは、はるかに高い数値を示すことにもなるのでしょう。

ところで、第1章で解説した通り、日本人の賃金水準はここ10年以上毎年のように低下してきています。また、雇用者に占める非正規雇用の人の割合も4割近くになっています。

また、社会の不平等さを表わす指標であるジニ係数の値も年々上昇してきているのです。

あなたは、こんな状況にもかかわらず、ただ指を食わえ、黙ったまま、会社の中でのラットレースに勤《いそ》しんでいるだけでよいのでしょうか。

それでは、毎月入ってくる収入も限られてしまいます。

冒頭でも述べましたが、周囲の人達がそうだからといって、それに流されていてはいけないのです。

人と同じことをしていたら人と同じにしかなれず、年をとる毎に確実に貧乏になっていくだけなのです。

まずは、少しずつでも、現在の収入をふやしていくという方策を考えて頂きたいのです。

さて、ではどんな副業に取り組んでみるとよいのでしょうか。

インターネットのアンケート調査で「副業をしている」と答えた人達の大半は、ネットを使って副収入を得ているというケースです。

アンケート対象者層が若いだけに、こういう結果が出ているのでしょう。

収入を見ても、せいぜい毎月5千円位から2万円ぐらいといたって控え目です。

何をやっているかといえば、自分でブログやWebサイトを作り、アフィリエイト広告を掲載して成果報酬を得たり、ネットオークションで不要品を売るなどといった活動を副業ととらえているようなのです。

たしかに、こういう形で、毎月10数万円稼いでいるという人も稀《まれ》にはいるものです。

書店に行くと「1年で1千万円稼いだ」「毎月30万円稼ぐ」などといったタイトルの本

が並び、成功体験が綴《つづ》られています。

あるいは、「情報起業」と称して、玉石混淆《ぎょくせきこんこう》のというより、大部分がいかがわしいハウツウ情報を、ネット上でさも有益なオリジナル情報であるかのように、もったいつけて宣伝し、多くの善男善女からお金を巻き上げる、詐欺まがいの情報商材を売りつける方法の体験談まで、ところ狭しと並んでいるものです。

しかし、これからこんな副業を始めたところで、労力と時間ばかりがかかってちっともお金になるとは思えないでしょう。

もはやそれらからもたらされる収益は、センミツ（千打って三つぐらい当たるという確率0・3％）の域といっても過言ではないからです。

まず、副業を選ぶなら、自分が関われる時間帯をとらえておく必要があるでしょう。

そして、それに見合った副業であり、収益につながりやすいものを考えたほうがよいのです。

家にいながらにして、インターネットで簡単に稼げると思ったら大間違いなのです。

インターネットで稼ぐ人達は、長い時間をかけ、それなりの失敗経験を積む中から、独自の金儲け法を編み出した人達といってよいのです。

簡単に真似ればうまくいくなどと思っても、すでにその方法論では通用しなくなっているのが常なのです。

給与収入以外に副業で稼ごうと思うなら、まずは自分の能力や特性、費やせる時間、そしてそれに見合った収益が得られるかどうかをよく考えてみる必要があるのです。でなければ、やみくもに時間と労力を費やし、本業に臨む体力や精神力までもが消耗しかねないといってもよいでしょう。

出来ることと、出来ないことの区別を、はっきりさせることが、副業に臨む上では大切なのです。

POINT マネーの掟⑯

インターネットで楽して稼げる副業などないと思うべきです。
自分の条件に見合った副業を見出す努力が大切です。

インターネットを使った副業は儲からない!

ネットを使った副業が儲からないなんてウソでしょう? こんなに体験者の本が出てるんだから
じゃ、やってみなよ!
賢者
愚者

うーん 時間と労力ばかりかかって ちっとも儲けにつながらないなあ…
ま、ネットで大儲けしたといっても一時的なケースが多いんだよ! 持続しないからさも儲かったと称してもはや腐ったノウハウを切り売りしてるだけなんだよね
愚者
賢者

効率のよい副業を見出すことが大事！

給与の減収を補う為に副業を行なうと考えると、いささかゲンナリしてしまいます。

しかし、副業によって自分の能力やスキルも磨かれると考えれば、これはこれで別の楽しみも生まれてくるものなのです。

著者は学生時代、少しでも他人と異なるアルバイト——そのほうが収入も他より高いと考え、また将来サラリーマンになったらけっして経験出来ないような職業体験を積んでおこうとも考え、さまざまなアルバイトを行なっていたものでした。

そのうちのいくつか印象に残るものを紹介しましょう。

比較的オーソドックスなものとしては、運輸会社で期間限定での百貨店専用のお中元やお歳暮をクルマで配達するというアルバイトがありました。

毎朝、担当地区の地図を見ながら、配送伝票をルート順に揃え、荷物を順番に配送車に積み込んでいくという面倒な作業（あとに配る荷物を奥に、先に配る荷物を手前にという具合に順番に積み込まないと、この逆だと荷物が出せなくなる）がありましたが、ボックスに目一杯積み込んでしまえば、あとはルートを回っていくだけという単純な仕事です。

もちろん届け先の住所がはっきりしない、番地が飛んでいて該当地がなかなか探し出せなくて焦るといった場面も多々ありましたが、1日8時間ぐらい働いて実績次第で7～8千円稼げましたので、悪くないバイトだなあと思っていたのです（当時のアルバイトの平均時給は400～500円ぐらいが主流。大卒初任給が11万円ぐらいでした）。

しかし、お中元シーズンとお歳暮シーズンの2回経験しただけで、やめてしまいました。

クルマの運転が危険だと感じたからです。

実際、同じアルバイトを行なっていた他大学の学生が、クルマで路地を走行中、急にある一軒家の駐車場から、ゆるやかなスロープを三輪車で下り、飛び出してきた幼児をはね飛ばし、大変な事態を引き起こしたのです。

裏路地を徐行しながら注意深く運転していても、こういう事態はおそらく避けられないのではないかと思いました。

それに、毎年同じ時期に、同じ配達地域を任せられていたベテランの学生アルバイトは、地図を見なくとも、番地や配達先の戸主の苗字まで頭に入っている為、猛烈に仕事が早く、こちらの2倍近い件数を配達し、2倍近い日当を得ていたのですが、何だか効率を上げるほどに危ない仕事にも思えてきたわけなのです。

ちょっとの油断で、人の命にかかわるという仕事は、クルマの運転技術もさることながら、著者には文字通り荷が重いと感じざるをえなかったのです。

その他でちょっと変わり種としては、新製品普及のアルバイトというのも印象に残っています。

ある有名な清掃用具フランチャイズチェーンが行なっていたトイレや台所の臭《くさ》い匂いを中和するという、当時としては画期的と称された消臭中和剤の新製品を、各家庭に飛び込み訪問して、2週間のお試し期間だけタダで置かせてもらうという仕事でした。

2週間後に営業員が回収訪問し、あわよくばレンタル契約を取り付けるというシステムでしたが、毎日新規アルバイトを大量動員して、実績次第で日当1万円～2万円は稼げるという謳《うた》い文句でしたが、ほとんどの学生アルバイトが1日で討ち死にして辞めていくという状況ながら、著者も約1週間ほど頑張ったものの、ロクな収入もないまま、やはり討ち死にしてしまいました。

これは、高給で釣られても、フルコミッションの成果報酬では、稼げるようになるまでに相当な鍛練による能力開発が必要なのだという痛い教訓を得るのに役立ちました。

こうした仕事を経たのち、著者は大学の先輩の導きにより、それからは選挙のアルバイト（ウグイスボーイ兼街頭演説要員）に勤しむようになりました。

これは、自己表現力を磨く上で大変いい勉強になったものです。

もちろん、はじめは選挙カーに乗っていても、ペラペラ喋《しゃべ》れるわけではありません。しかし、毎日朝から晩までやっていると、またたくまに喋りは上達していくものなのです。

これがキッカケとなり、著者は学生時代、日本全国で行なわれる選挙という選挙（衆院選、参院選、知事選、市長選、町長選、市議選、町議選）を何日も泊り込みでわたり歩くようにもなったものでした。

また、人前でマイクをもって喋るという快感に目覚めてしまった著者は、選挙のない時には、結婚式場での司会のアルバイトまでやるようになりました。

これは電話帳で、司会専業プロダクションを探し、自ら売り込みに行って婚礼プロ司会者に登録させてもらったものですが、当時婚礼司会1本で1万5千円貰えましたので、土日の2日間で2本ずつ担当すると6万円になるということもありました。

6月のジューンブライドのシーズンには、土日だけ出勤の1カ月間でご祝儀も含め、当時としての最高で30万円も稼げたのですからまさにウハウハ状態でした。

結果的に、この婚礼司会のアルバイトが、社会人となってからも、サラリーマンとしての給与以外に、副業収入として20代～30代に大きく貢献してくれるようになったのですから、何が幸いするかわからないものです。

こんな拙《つたな》い著者自身の手前味噌の体験談で甚だ恐縮ですが、ちょっと視点を変えて、いろいろなことにチャレンジしてみると、体験から学べるさまざまな効率のよいエッセンスというものもそれなりに身についていくものです。

そして、出来ればこういう体験は、若いうちにこそ、積めば積むほど、自分の中に多くの引き出しを設けてくれ、お金を貯めていく上でも大いに役に立つものだ、ともいえるでしょう。

POINT マネーの掟⑰

若いうちから副業にチャレンジし、副収入を得る体験を培《つちか》っておくと、お金も貯まり、視野もひろがりをもってくるものです。

著者が体験したアルバイト〜副業の例

《学生時代のアルバイト例》
お中元・お歳暮の配達の仕事
○×デパート
お中元でーす
あら、ごくろうさん
新製品普及のフルコミッションの仕事
2週間だけ無料でお試し下さい画期的な消臭中和剤なんですよ
タダ？
でもいらない！どうせ2週間後に契約してくれって粘りにくるんでしょ
選挙マイク要員（ウグイス・司会・街頭演説）の仕事
利権大造
○×公認 利権大造
みなさんクリーンな政治を目指す利権大造が只今よりご挨拶を申し上げます
社会人になってからの副業としても役立った！
盛大な拍手でお迎え下さいませ！新郎新婦の入場でございまーす！
パンパカパ〜〜ン
パパパパ〜〜ン
パチ
パチ
パチ
パチ
パチ
パチ

誰でも気軽に始められる副業のコツを知っておこう!

前項では、実際に著者が昔体験した学生アルバイトのいくつかの中から、社会人になっての副業についてまでを簡単に紹介致しました。

さて、社会人になってからの副業で、まず第一に大切なポイントは何といっても副業をいつ行なえるかという時間的制約の問題でしょう。

毎日、夕方5時~6時の定時に退社出来るサラリーマンなら、その後の夜間あるいは早朝に行なえる副業を探せばよいのですが、毎日夜7時か8時にならないと退社出来ないというサラリーマンの場合は、土日の休日を生かす他なくなります。

土日に副業をこなすとなると、ゆっくりのんびり休養する日がなくなることを覚悟するしかありません。著者の場合も20代、30代の頃は、平日においては毎晩8時~9時まで会社に拘束される生活を余儀なくされていました。

もちろん、そうした生活が嫌だったからこそ、早期にサラリーマン生活を脱出しなければと考え、せっせと土日の婚礼司会のバイトに励み、お金を貯めては資産投資を繰り返すというモチベーションが維持出来たのだろうと、今振り返って思うのです。

要は、気持ちさえあれば、たとえ平日は夜まで会社の仕事に拘束されるという不利な条件下にあっても、それなら土日に副業を行なうべしという発想の転換へとつなげればよいだけなのです。

何事もあきらめてはいけません。人間社会はもともと不平等に出来ているのですから。**真剣にお金を節約し、副業によって収入源を複数確保し、ある程度まとまったお金で堅実な資産投資を行なっていけば、投資した資産が次々とお金を生んでくれます。**

単純にいってしまえば、サラリーマンの場合でも、このサイクルの繰り返しを10年続けていくだけで、サラリーマン生活をいつ脱出しても、収入に困ることはなくなるレベルにまで到達出来るのです。むろん、そういうレベルに達すれば、何もあわてて会社を辞める必要もなくなります。会社に勤めていれば、最近は多少怪しくなってきましたが、とまれ安定した収入があるということで、金融機関からも融資が引っぱれます。

そうして、さらに効率よく安全確実に着々と資産を殖やしていけばよいだけなのです。

会社の中で、ラットレースにしのぎを削り、あくせくするばかりで何もしないでいると、いずれリストラの話などが出てくる度にあわてることになりますが、いつ会社を辞めても困らない水準の資産があれば、達観していられます。何しろ、気に入らなければ、いつでも会社を辞められるという選択肢を手中におさめているのは、こちらなのですから。

さて、ではサラリーマンやOLの方々にとって、とっつきやすい副業には、どんなものがあるのでしょうか。

一度、人材派遣会社にあたってみるのも一法でしょう。現在は、サラリーマンやOL向きの、副業としての短時間アルバイトの仕事も沢山揃っています。

どんな勤務形態でどんな業種、どんな職種があるのか、収入はどれぐらいになるのかなどをリサーチしてみるのにはもってこいでもあるのです。

夜間なら、病院の救急受付の窓口業務（1200円〜）やビジネスホテルのフロント受付業務（1400円〜）、サーバー監視業務（1600円〜）、ユーザーサポート業務（1500円〜）などは、それほど労力を使う仕事のイメージは少ないでしょう。

深夜にまで及ぶ仕事は、バイトの中でも高収入にランクされる時給1200円以上というのがふつうとなっています。週末専門にこなせば少々きつい徹夜業務でも、結構な収入が稼げます。

他にも定番の家庭教師やパソコンインストラクターも時給は1200円以上にはなるで

しょう。学習支援に自信のある人にはうってつけなのです。

昨今は景気低迷で厳しいものがありますが、キャバクラ嬢やクラブホステス（ヘルプ専門）などは、最低でも時給2千円は下らないのが魅力です。もちろん才能があれば、もっともっと稼ぐことも可能です。

一方、早朝に行なうバイトでは、昔から新聞配達という定番があります。

休みが少ないのがタマに傷ですが、早朝3時頃から5時頃まで頑張れば、配達部数にもよりますが、月に6～8万円ぐらいは稼げるのです。

また、土日を終日働くのなら、単価は安くても飲食店スタッフ（800～900円）やハウスメーカーのモデルルームの受付業務（1千円～）なども悪くはないでしょう。

いずれにしても、このように余暇の時間を切りつめて、忙しい時間を送るようになると、お金を無駄に費やす時間もなくなりますから、どんどんお金が貯まることは間違いないのです。

最近では、企業のほうでも就業規則上において副業を認めるところがチラホラ出てきて話題になっていますが、基本的に会社に対し、副業をしていることを公言するのはやめたほうがよいでしょう。

昼間の会社の業務において、あなたが副業までして稼いでいるというイメージは、百害あって一利なしですし、いつなん時、足をすくわれる材料に使われないとも限らないからです（たとえ就業規則上禁じられていたとしても、本業とバッティングせず、就労に支障をきたさない程度の副業なら、現場を目撃されても親戚の経営者にちょっとだけ頼まれまして――などと弁解すれば言い逃れも出来ます）。

なお、サラリーマンとしての給与の他に、年間20万円以上の副業収入があると、確定申告する義務が生じます。会社で年末調整まですませた上で、翌年3月15日までに申告すればよいのです。なお申告書の中にある住民税の徴収欄で普通徴収のところに○をつけておけば、給与からの天引ではなくなり、自宅住所に住民税納付の通知が来るようになり、勤務先の会社側は、いくらの副収入があるかなど推定することすら出来なくなります。

POINT マネーの掟⑱

副業に目覚め、給与以外の収入をふやしていこう。

人材派遣会社には短時間副業の仕事も揃っている!

《アフター5《ファイブ》型の副業》

新聞配達業務
タッタッタッ
健康にもいい!
ユーザーサポート業務
そうしましたら、そこを
もう一度クリックして下さい
救急病院受付業務
救急受付
どうなさいました?
家庭教師業務
ハーイ!よく出来ましたー
イイコイイコ
パソコンインストラクター業務
その調子です
いいですよ!
ビジネスホテル・フロント業務
ご予約の○×様ですね
お待ち申し上げておりました
夜間守衛業務
勉強も出来るし、仮眠も出来て最高!
1時間おきに見回りするだけだよ
キャバ嬢&ホステス業務
キャバハーエッチなんだからもう
ぐひひ…
サーバー監視業務
うん?侵入の形跡が…

《土日型の副業》

土日は、単価は低くても終日勤務の飲食店スタッフや住宅展示場などのモデルルームスタッフでたっぷり稼げるよ
他にも交通量調査や一日中電話をかけまくるテレホンアポインター、オフィスビルの清掃業務、引越作業のアルバイトなどいろいろてんこ盛りだよ

自営型の副業は入ってくる収入も大きくなる!

前項で紹介した副業は、いずれも他人に雇われて働く形でした。

これはこれで、手っ取り早く仕事にありつけるという利点はありますが、将来につなげていくという永続的仕掛けや、収入をもっとふやしていこうとする場合においては、いささかもの足りないところがあるのも否めません。

そうはいうものの、まさか副業でフルコミッションの仕事を選ぶというのも、労多くして益少なく、かえって割が合いませんから、副業を選ぶなら、やはり定収の得られる仕事に限定せざるをえないでしょう。

となると、他人に雇われずという形でありながら、確実に収入につながる自営型の副業を立ち上げる必要があります。なにしろ、自営型のサイドビジネスがうまく軌道に乗るならば、収入は青天井になるのです。

たとえば、夜間に子供の家庭教師を行なう場合、家庭教師派遣会社に登録していたのでは、取り分は限定されますが、自分で銀行なりスーパー、区役所の無料掲示板などに「家庭教師やります」と貼り出してお客さんを募るぶんには、授業料はまるまる手取りになります。

パソコン家庭教師でも、英語や中国語の家庭教師でも、自分で客を集める手間さえ惜しまなければ、即自営が成り立つのです。

趣味や特技があれば、それを生かして公営の施設を借りて、教室を開くのでもよいでしょう。

雇われてやる副業と違って、独立自営で副業をやってやろうと行動を起こすと、マーケティングから、営業、宣伝、商品企画、教育研修スキルといった諸々のことを、すべて自分一人でやることになるわけですから、知恵を絞り、工夫を重ねる中から、今まで自分の中に眠っていた、さまざまな能力にも気づかされ——といったことも起こるでしょう。

やり甲斐や張り合いも違ってきますし、うまくいけば収入の面でも、雇われ副業をはるかに凌駕《りょうが》出来るかもしれません。

そんなわけで、著者は、どうせなら独立自営型で副業に取り組んでみたらとおすすめしたいのです。

もちろん、開業資金など、余計なお金を使う必要はありません。

今、自分がもっているスキルなり時間を、人の為に喜ばれる形で有効に使う方法さえ考えればよいのです。

例えば、**「子供のスポーツ家庭教師」をやっているAさん（32歳）**の場合は、「1カ月でさか上がりが出来るようになります」「足が速くなる走り方教えます」「サッカーのリフティングを教えます」「1カ月で一輪車にスイスイ乗れるようになります」「なわ飛びの達人になれます」「キャッチボールがうまくなり、変化球の投げ方も覚えられます」といった項目をキーワードにして、スポーツ家庭教師塾を名乗り、毎週土日を使って近所の公園や小学校の校庭を使って、1時間コース1名7500円の料金設定（2人一緒なら1人6500円、3人一緒なら1人5000円、1カ月4回セットなら1人2万7000円）で、土日はいつも午前・午後・夕方と大忙しの状態です。

集客は新聞折り込みとチラシのポスティングを1回行なっただけで、あとはクチコミでお客はひろがっていったのだそうです。

運動音痴の児童が多くなっているだけに、需要は尽きないようです。

これだけで開業半年で月収15万円になったというから大したものです。さらに申し込みがふえたら、体育大学の学生アルバイトを雇うことも考えているそうですから、ビジネスとしてのひろがりを実感しているところともいえるでしょう。

また、**会社に出勤する前の早朝4時から、「犬の散歩代行業」をやっているBさん（42歳）**は、自転車で契約している近所のお客さんの家を回り、犬を連れ出して30分（約2キロ）散歩させ、1回2500円の収入をゲットしています。

平日の朝だけ毎日3件ずつこなして、月間15万円の副業収入になっているのです。

集客は近所の犬のいそうな家にチラシのポスティングをしただけで、スタート時に2件の契約がとれ、あとは、犬を散歩させながらポスティングを行なうのが営業活動になったのだそうです。

犬が好きな人にとっては、かなりオイシイ仕事といえそうです。

厚労省が公表する全国の犬の登録数は、12年度末で678万頭、うち狂犬病予防接種数は494万頭ですが、実際には登録していない犬の数もかなりいるといわれ、㈳ペットフード工業会が公表している10年の推定飼育数は1186万頭となっています。

13年9月時点での子供の数（15歳未満人口）は1640万人で、39年連続で減り続けていますから、いずれは子供の数より、飼っている犬の数のほうが上回ってしまうかもしれません。

犬を飼っている高齢者にとっては、散歩もひと苦労です。

お金で愛犬のストレス解消が出来るとあれば、こういうニーズもあるというわけです。

あなたも犬好きなら、一度チラシを撒《ま》いて、どれぐらいの反応があるのかだけでも試してみてはいかがでしょう。これを専門の職業にして、1日中散歩を行なうことで年収1千万円をゲットしている人も実在するのです。

こんな形で、独立自営型の副業を始めると、自分の可能性も無限のひろがりをもっていることに、お気づき頂けるのではないでしょうか。

POINT マネーの掟⑲

どうせ副業にチャレンジするなら、自分で独立して始めてみよう。きっと生き甲斐が感じられ、夢もひろがってくる！

独立自営の副業で成功している人達!

※独立自営の副業だと高収入だけでなく、将来の独立開業まで視野に入ってくる楽しみがある！

子供のスポーツ家庭教師
そうだ、その調子だ！足で空中を蹴る感じだよ！
うんこらしょっと
Aさん

※料金は１回１時間コースで7500円（マンツーマン）。
２人対象なら１人6500円、３人対象なら１人5000円。
１人１カ月４回セットなら２万7000円。月収15万円。

犬の散歩代行業
朝早いから気持ちいいぞう！
Bさん

※料金は１回30分２キロで2500円（１頭ずつ散歩）。
朝４時から近所の契約者宅を自転車で回り、１日３件をこなしている。月収15万円。

法人税の仕組みを知らないと大損することになる!

前項で紹介した独立自営型の副業は「教える」「代行」がキーワードになっています。

つまり、この2つのキーワードにおいては、営業の主たる資本は、あなた自身ということになるわけです。どこかの代理店になって、商品を仕入れて販売するなどという小売り商売と違って、あなた自身が商品としてのサービスの主体なのです。

「教える」「代行」というキーワードで行なう独立自営型の副業のよいところは、商売を始めるにあたっての設備資金や仕入代金が一切不要なところです。

お金をかけるのは数千円程度の宣伝用のチラシ印刷費ぐらいなのです。さらに、自分でホームページを立ち上げれば、毎月サーバー使用料が3千円程度かかるだけでしょう。

お金をかけずに商売を始めるからこそリスクもなく、うまくいかないと思ったらいつでもやめることが出来るわけです。

独立自営型の副業を行なうなら、こうでなければいけないのです。

先に儲からないからおすすめしないとしたインターネットを使った副業も、そういう意味ではお金はかからないのですが、何ぶん、商売として稼働するまでの試行錯誤に時間と労力がかかりすぎるということを懸念したからに他なりません。

著者がおすすめする独立自営型の副業では、語学やパソコン、スポーツなどを教えたり、犬の散歩を代行したり、単身赴任者の部屋の掃除を代行したりといった、自分の能力やスキルをそのまま武器にして勝負するものです。

他にも、電話を使った商売としてコーチング業や、一人暮らしのお年寄りの話し相手になる商売を考案するなどしてもよいでしょう。

資産を有する高齢者が増加していることや、少子化で一人っ子がふえ、一人の子供に集中してお金をかける傾向にあることなどが、そうしたあなたの能力やスキルを一層求める背景となっているのです。奥さんがいる人は、ぜひ一緒に協力し合って、独立自営型の副業にチャレンジしていただきたいものです。

ちなみに著者が若い時分に、土日を使って行なっていた婚礼司会業というのも、独立自営に近い業態でしたが、個人で式場と契約を結ぶのが信用面でなかなかむずかしかった為、婚礼司会者派遣専門のプロダクションに所属するという形をとらざるをえなかったものです。

さて、独立自営型は、創意工夫を凝らすことによって営業成績も次第に上がっていきます。そうした時、信用面や税制面で個人のままでいることが不利になるということも知っておきたいのです。

副業とはいうものの個人事業には違いありません。

雇われ型の副業なら、雇い主の取り分とともに源泉徴収が引かれますが、個人の場合なら、自分で確定申告する必要があるのです。

確定申告は青色申告の個人で行なうよりも、株式会社を設立して法人で行なうほうが、税額は圧倒的に有利になります。

しかし、会社を設立するといっても本業としての勤務先の企業には、大ていの場合就業規則に役員兼業禁止規定というのがあります。

まず、発覚する恐れはないのですが、万一ということもあるので、法人成りする場合でも、あなた本人が株式会社の代表取締役や役員に就任するのは控えたほうが無難です。

独身の人なら、働いていない自分の母親や嫁いでいる専業主婦の姉などに頼んで代表者になってもらうのがよいでしょう（現在は、代表取締役1人だけで役員ゼロの登記も認められている）。サラリーマンで専業主婦の奥さんがいるなら、奥さんを代表者にしておけばよいのです。

さて、では法人成りするとどれだけ個人より有利かということを説明しておきます。

仮に個人事業で年間500万円の収益（事業所得）があったとします。

この場合、所得税、住民税、事業税を合わせると青色申告特別控除を適用しても約88万円もの税金を納めなければならなくなるのです。

ところが法人事業にしたならば、500万円の利益を法人所得0円、役員報酬もしくは従業員の給与500万円に分散することが可能となります（法人所得はゼロでもマイナスでも可）。すると、法人所得0円にかかる税金（法人税、法人住民税、法人事業税）は法人住民税の7万円だけになるのです。

一方で、給与所得500万円にかかる所得税や住民税の概算は53万円程度ですから、両方合せても60万円ぐらいにしかならないのです。

会社組織という形態をとれば、個人事業で支払うべき約88万円が、30万円近くも圧縮できるのですから断然有利でしょう（しかも実際には所得が多くなるほど法人事業はトク）。

さらに法人にすれば、交際費は最大800万円まで（1人当たり5000円以下などの条件あり）損金で落とせて無税というメリットまであります（資本金1億円未満まで）。

日本の株式会社約１２０万社のうち99％が中小企業であり、うち90％が赤字企業だということも知っておいて下さい。

さらに副業が成功して本業の会社員を辞めた時には、あなたの法人で社会保障費（年金、健保）を支払うようにすれば、個人事業として支払う負担額よりはるかに低い支出ですむようにもなります。

法人設立登記は、文具店で売っている設立様式セット一式を使って自分でやるのもよいし、司法書士や行政書士に頼んだ場合でも20～30万円程度です。

ちなみに現在は最低資本金制度もなくなったので、資本金は１円からでもＯＫなのです。

POINT　マネーの掟⑳

法人成りのメリットを知っておいて損はありません。さまざまな面でトクをすることが多いのです。

独立自営型副業がうまくいったら法人成りが有利!

個人事業の場合
やったぜー
バイトまで雇えるようになって
俺達の副業は大成功だなぁ
1年で500万円も儲かったし…
でもあなた…
税金を計算したら
20%近くもって
いかれるのよ!
夫
妻
夫婦不安!
法人成りすると…
法人事業の場合
やあ、社長さん!
うまくいったね!
個人で支払う
税金が大幅に
少なくなったぞ!
あらやだん
社長だなんて
呼ばないでよ!
大した実体もないのに
恥ずかしいわん♡
夫
妻
夫婦円満!

インカムゲインとキャピタルゲインについて考えよう！

毎日の節約に目覚め、ひたすらコツコツと貯蓄する――。

これが資産を築く為に大切な、貴重な段階であるのはいうまでもありません。

しかし、世の中はさまざまな誘惑に満ちています。

もっと大画面のテレビが欲しい。クルマを買い替えたい。海外旅行に行きたい。

むろん、こんな誘惑に負けるようでは、一生貧乏コースに乗ってしまいます。

それだけではありません。

雑誌やテレビでは、専業主婦の身の上でFX投資で30万円の元手を半年で1千万円に殖やしたとか、株式のデイトレードで50万円の元手が毎月4～5万円プラスになって、1年で2倍の100万を突破したなどという体験談にはこと欠きません。

こんな方法でやればうまくいく――などという惹句《じゃっく》に引かれて投資を始めたらFXで貯金のすべてを失ってしまった、株の信用取引（借金）に手を出した為に、借金が3倍にふくらんだ――などという人は、成功したという人の陰に何10倍も何100倍も存在するということを忘れてはならないのです。

50万や100万円程度貯まったからといって〝投資〟に乗り出してしまう――。

そんなものは投資ではないと申し上げておきましょう。

ただの丁半博打と同じなのです。丁半博打に勝ち続けていくのは、確率にすれば奇跡に近いものがあるのに、この人に出来たんだから、きっと私にも出来る――などと安易に思い込んで虎の子の貯蓄を失うのです。

悪徳詐欺商法のみならず、一般の金融機関も、ニコニコと満面の笑みで、庶民のお金を狙っていると思ったほうが怪我をしなくてすむのです。

また、「お金をふやしましょう」「お金に働いてもらいましょう」「お金に稼がせましょう」――などと甘い口調でお金の殖やし方やお金儲けを指南する書籍も数多《あまた》ありますが、その中には自分のセミナーの客寄せであったり、ハウツウマニュアルを売り込む為であったりの、昔からよくあるバイブル商法同様のものもありますから気をつけたいのです。

バイブル商法というのは、「○×でガンが治った」「○△がグングンよくなる」「×△を3カ月続けて10キロ痩《や》せた」などという健康本を出版社提携で自費出版し、巻末に記された研究所だの製造所やらに連絡させて、いかがわしい効能を謳った高額商品を売りつける、ハイエナのような人たちのビジネスをいうのです。

近頃では「お金儲け」や「お金の殖やし方」にも似たような手口が垣間見られるのです。


さて、投資には、インカムゲインとキャピタルゲインという2つのカテゴリーがあります。

今はそれこそ微々たるものですが、銀行預金をすると利息がついてきます。

国債や社債を購入しても利息がついてきます。

株式を購入し、名義書き換えをすませると配当金が支給されます。

不動産を所有していると家賃が入ってきます。

こういうものをインカムゲインといいます。

つまり、元本がもたらしてくれる収益であり、樹木にたとえるなら果実に相当する収穫物のことをいうわけです。果実をもたらすどころか、元本にまでマイナスをもたらす場合はインカムロスということになります。


また、買った株式そのものの市場価格が上昇したり、不動産そのものの市場価格が上昇することで、購入時の価格と比べた値上がり益のことをキャピタルゲインと呼び、その逆に購入時の価格より値下がりした損失のことをキャピタルロスといいます。

先に挙げたFX投資や株式投資が主にキャピタルゲインを求めるものであることは容易におわかり頂けたのではないでしょうか。

キャピタルゲインは、キャピタルロスと紙一重の関係にあります。

一方、インカムゲインは、インカムロスを生じにくいという点にも着目して頂きたいのです。

したがって、株式の信用取引やFX投資のように少額で始められ、売り買いいずれのポジションからでも入れるものは、3倍、10倍とレバレッジ（借金）を利かせていくわけですから、下手な丁半博打よりもタチの悪い投資といえるのです。

金融機関のプロの証券ディーラーであっても、外為トレーダーであっても、勝ち続けることがむずかしいのに、どうして素人が勝ち続けることが出来るのでしょうか。

現物の株式相場でも勝ち残り、生き残れるのはごく僅《わず》かなのです。

株長者といわれる人達は、相場が安い時にしこたま仕込んでおき、ゆっくり寝かせて成長を見守ってきたというのが本当のところです。

少しばかりお金が貯まったからといって、それを短期間に2倍、3倍にしようなどと目先の欲に駆られると、まんまと罠《わな》にはまり、虎の子の資金を失ってしまうのです。

イソップ物語には、骨をくわえた犬が、池に映った自分の姿を見て、その犬のくわえた骨を奪おうとして吠えた為、自分のくわえていた骨まで池の中に落としてしまうという逸話があります。

欲張ってはいけないのです——。

キャピタルゲインだけをひたすら追い求めると、必ずいつかは陥穽《かんせい》にはまってしまいます。

お金を殖やす投資の要諦はあくまでも、インカムゲインが中心であり、キャピタルゲインはその結果としてもたらされるものであるということを忘れてはならないのです。

POINT

マネーの掟㉑

キャピタルゲインを追い求めると、キャピタルロスにつながる危険が高い。投資の基本はインカムゲインに求めるべきなのです。

投資の要諦はインカムゲインにあり！

《誘惑が多い投資法は？》

元本そのものの値上がり益＝キャピタルゲイン

おーっ！大きく育ったぜ

※キャピタルゲインはキャピタルロスも生じやすい！

《長期にわたって確実な投資法は？》

元本から生じる果実に相当するもの＝インカムゲイン

毎年確実に果実が得られるなぁ
うまそう

※インカムゲインはインカムロスを生じにくい！

ネットビジネスで稼ぐ人の特徴とは?

先に、ネットビジネスでは儲からない——とお伝えしましたが、実は副業としてやっている人が一番多いのが、この分野のビジネスです。

ただし、大半の人が毎月5千円から、多くてせいぜい2万円ぐらいの収入というのですから、筆者としては、「儲からない」と断定するゆえんなのです。

これぐらいのレベルでは、副業と呼ぶのもおこがましい感じがするからです。

どうせやるなら、効率よく大きく稼ぐ方法を志向したいものです。

この項目では、ご参考までに、ネットを使って大きく稼いでいる例を紹介しておきます。

●セドラーとして稼ぐ場合

古書店業界では、「せどり（背どり・競どり）」という言葉が昔からありました。

古書店での本の値付けが、店によって違うことに目をつけ、安い値付けの店で古書を購入し、高い値付けの店で売って利ザヤを稼ぐということが行なわれ、これを「せどり」と呼んだのです。昨今は、これが大きく現代版風にアレンジされて広がっています。

ブックオフや、古書店の店頭で売られている百円均一の中古本の中から、これはという本を仕入れ、アマゾンやヤフオクといったネットショップで高く売る手法になっています。

昨今では、こうしたセドラーのために、「せどり用携帯アプリ」や「価格比較ツール」、「小型のバーコードリーダー」などまでが登場しています。

ブックオフなどの店で、買い物カゴの中に、まったく違うジャンルの本を10数冊入れてブラブラする人を時々見かけるでしょう。こういう人はかなりの確率でセドラーです。

ブックオフ自身も、売上の2～3割はセドラーによるものではないかと推察しているといった類の記事を、どこかで目にした方もいるはずです。それぐらい流行っているのです。

慣れた人だと、毎日10～20冊仕入れて（月間300～600冊）、月に数十万の収入を実現している人も少なくありません。ブックオフで105円で仕入れた中古本が、アマゾンのマーケットプレイスで1500円で売れたとする場合の利益は次の通りです。

※販売価格1500円－手数料225円（15％）－基本成約料100円－カテゴリー成約料60円（本の場合）－仕入れ105円＝1010円

1010円の儲けになるわけです。ここから発送のためのクロネコヤマトのメール便代

（厚さ1㎝以内80円、2㎝以内160円）や梱包の手間をかけても、最低でも850円は儲かる計算です。大口出品者としてアマゾンに毎月4900円を払えば、基本成約料の100円もかからなくなります。すると儲けは最低でも950円です。

どんなジャンルの本を狙うかで儲けも違いますが、医学書関連、プロ向け料理本、学術系古書は、どうしても手に入れたい人がいるため、高額取引が多くなるようです。

●オークションで稼ぐ場合

「せどり」よりも大掛かりに稼ぐ人が多いのが、ネットオークションの分野です。

最初は、家にある不用品の売却からはじめて、この「世界にはまった」という人が少なくないのです。やがて、フリマや専門問屋、海外の土産物市場などで物品を仕入れ、ネットで売るようになるパターンです。常時行なう場合は、警察で講習を受け、「古物商」の許可も必要になりますが、初心者のうちはオークションの落札相場を「オークファン」というサイトでチェックし、まず何が売れるのか――という感覚を養うことが大切でしょう。

脱サラする人も多い分野で、パワーセラーと呼ばれる毎月数百万円の取引で年収数千万円の人々も、最初はみんなズブの素人だったのです。あなたにも眠れる才能があるかもしれません。まずは、家にある不用品から、ヤフオクや楽オフにかけてみてはどうでしょう。

●無料メルマガで稼ぐ場合

ブログやメルマガは、すっかりおなじみでしょう。

これに、アフィリエイト広告を載せて、広告がクリックされたり、商品が売れた場合にバックマージンが得られる仕組みは、読者の皆さんもよくご存じのことと思います。

有名人や芸能人の場合は、これだけで結構な収入になることが知られています。

当然ですが、無名な人がこれらをはじめても、多数の読者がいなければ、アフィリエイトで稼ぐどころではありません。食べた料理の写真を貼りつけたり、つれづれなる日々の出来事を素人が綴ったところで誰にも注目されず、それでは自己満足にすぎないでしょう。

どうせやるなら、無料メルマガを定期発行し、自分のスキルや能力を売るべきなのです。

興味を引く面白いタイトルをつけ、役に立つコンテンツが重要です。お金儲け、ダイエット成功術、貧乏脱出記、節約術、投資術、FXや株式予想、英語上達法、子育て、受験、起業、特定地域の情報などは、つねに人気のコンテンツです。

こうしたテーマで定期配信を根気よく続ければ、うまくいけば千人単位の読者獲得も夢ではなくなります。無料メルマガ・ランキングを見ると、200位あたりで読者数は1万5000人ぐらいです。ランクの低い読者数数千人の無料メルマガだと無数にあります。中には「えっ、この程度の内容で読者が5千人？」と驚くようなケースも多いのです。

しかし、読者が千人単位になると、とてもオイシイことが起こります。マグ広告を載せると、部数×0・45円の収入が得られるようになるからです。

たとえば、発行部数5000部だと、1回の配信で2250円にすぎませんが、毎週5回配信すれば、週に1万1250円で月間4万5000円です（ただし、クリック率1％以上必要。広告文を自分で書けば従来のPR式より容易にクリック率は上がります）。

読者数が1万人なら、この配信プランで月間9万円になるわけです。

自分の知見やハウツー、ノウハウをアピールしたい人には、もってこいでしょう。

POINT

マネーの掟㉒

「継続は力なり」という言葉があります。これを信じて試してみると、「眠れる才能」の目覚めにつながるかもしれないわけです。

継続すると"眠れる才能"に気がつくかも…？

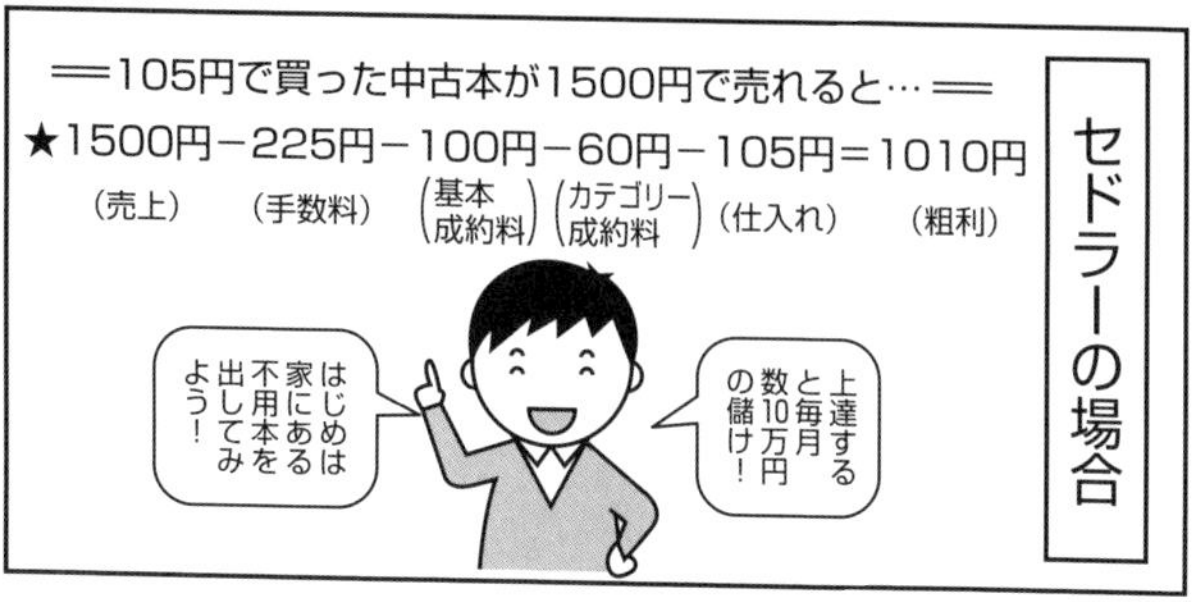
セドラーの場合
═105円で買った中古本が1500円で売れると…═
★1500円－225円－100円－60円－105円＝1010円
（売上）（手数料）（基本成約料）（カテゴリー成約料）（仕入れ）（粗利）
はじめは家にある不用本を出してみよう！
上達すると毎月数10万円の儲け！

オークションの場合
独自の仕入ルート
ネットで世界中に販売！
はじめは家にある不用品を出してみよう！
こういうサヤ取りを裁定《さいてい》取引ともいうよ！
パワーセラー

メルマガの場合
億万長者のＦＸ日記
ぶらぶら吉祥寺情報
ラーメン情報館
マグ広告で月収30万円！
3つのメルマガを定期配信して読者数1万人！

COLUMN ④

おいしい職業の研究・シロアリ地方議員の甘い現実！

議員というのは、とかく選挙の時だけ、いかに立派に仕事をするかのアピールに熱心ですが、まともに仕事をしている地方議員はいったいどれだけいるか――というお話です。

日本には、３６４４９名もの地方議員がおり、議会に行くのは年間平均たったの70日程度です。ゆえにラクチンすぎて、報酬目当ての兼業自営業者が多くなるのですが、ろくに勉強もしていないので行政のチェック機能もはたらきません。首長や公務員とは馴れ合い関係が続き、口利きで利益誘導するのを自らの仕事と勘違いしている議員も少なくないわけです。

首長の提出した条例案は修正されることなく、約50％が丸呑みで議会を通っています。しかも、まったく議員提案がない議会が全国で90％です。本会議や委員会にちょっと顔を出し1万円の費用弁償をもらい、お手盛りで作った税金投入の議員年金まであります。

諸外国では、議会は夜開かれたり、報酬はボランティア水準です（米国の群や市レベルで年間40万円程度、英国は県市町村レベルで年間50万円程度、スイスは無報酬）。日本では県議の平均報酬１６００万円、市議同８５０万円、町村議同４００万円です。

ちなみに、東京都議会議員の報酬は２４００万円になります（議員報酬、期末手当、無税の政務活動費の合計）。

第5章

誰でも出来る！お金の上手な殖やし方

——貯めることから殖やすことへのステップ

誰もが嵌《はま》る、間違いだらけの株式投資の運用法！

インカムゲインを重視して、預貯金にばかり預けておくのは、あまりにもつまらないという人には、預貯金よりわずかながら金利が有利で、換金性にすぐれたものとして公社債投信があります。

株式を一切組み込まず、国債や地方債、社債などの債券で運用しているものゆえ、まずは元本割れのリスクが少ないことが安心出来るでしょう（ただし解約時に手数料がかかるので3～4年は保有したいものです）。

代表的なものについては、MMF（マネー・マネジメント・ファンド）や中期国債ファンド、MRF（マネー・リザーブ・ファンド）などがあります。

他にも、外国債券だけで運用しているファンドもあります。

MMFに次いで個人に人気の外債ファンドは、為替リスクはあるものの、分配金を毎月支払うタイプが多い為、高齢者が年金代わりに活用している例をよく聞きます。

ただし、手数料が年率1％強と高いのが難です。しかし、ローリスク・ハイリターン志向なら、こちらも一考の余地があるでしょう。

一方、もう少しリスクをとってもよいという人には、株式投資信託というものもあります。

これには、個別の銘柄選びに自信がなくても、プロのファンドマネージャーが銘柄選びから入れ替えまで行なってくれるという、他人任せのアクティブ型と、日経平均株価やTOPIX（東証株価指数）にそのまま連動しているインデックス型の二通りがあります。

もちろん、プロが選ぶといっても、アクティブ型の運用成績はけっしてよくありません。たとえば今成果が上がっているファンドであっても、中長期で見たパフォーマンスはアクティブ型のほうがインデックス型より低くなっていますから、**インデックス型を選ぶのが正解だといってよいのです。**

日経平均株価全体の動きに任せておけば、相場上昇時には旨味がありますが、下落時には損失を被ることも当然出てきます。

いってみれば、日本経済の行方にお任せした形ですが、個別の株価ほど変動しない分、安心出来るというわけです。

近い将来、個別銘柄での運用を考えている人には、株式相場の勘をつかむのに、よい訓練になるといえるかもしれません。

さて、手元の預貯金が３００～４００万円とふえてきたら、１割～２割を株式投資で運用してみるのもよいでしょう。

手数料の安いネット証券に自分の口座を開き、まずは30～40万円送金しておきましょう。

ただし、やみくもに昨日今日の段階で推奨銘柄に狙いを定めたからといって、いきなり、一つの銘柄に全額買いを入れたりしてはいけません。

自分の資金内で、気になる銘柄で買えそうなものを、まずは２つ、３つ、ピックアップしておき、登録銘柄にキープして、過去数日から過去数カ月にわたっての株価データを眺め、さらに値動きを数日間追ってみましょう。

どんどん上昇しているからといって飛びついてはいけません。

「売り買いは3日待て」という格言があります。

また**「上った相場は自らの重みで落ちる」**という格言もあります。

そうした判断に迷う時は見送り、他の銘柄を検討したほうがよいでしょう。

「相場は売るべし、買うべし、休むべし」という格言もあるのです。

自分なりによく検討し、割安だと思える株を、長期に保有するつもりで仕込むのが一番よいのです。

「小回り3月、大回り3年」という格言もあります。

短い周期だと3カ月、大きな周期だと3年で、相場は上昇下降を繰り返すということを諭《さと》す意味が込められています。

また、いっぺんに資金をつぎ込んでしまうと、値下がりした時に買い増す資金がなくなってしまいます。

ナンピン買い（値を下げた時点で買い増すことで、買いの平均コストを下げる方法）が出来るぐらいの余力をもって臨んだほうがよいでしょう。

また、初めて買った株が、少しぐらい値を下げたとしても落ち込まないことです。

「最初の損は最良の損」という格言もあるぐらいで、初めて買った株がぐんぐん上昇するビギナーズラックに当たってしまったほうが、のちのち痛い目に遭う確率が高いことをいっているのです。

どちらかというと、最初は損ばかりしていた人が、長期的には株式資産を殖やしている人が多いように見受けられるのは、著者の偏見でしょうか。

３００～４００万円の現金資産の１割～２割程度でしたら、長期運用のつもりで株式投資も面白いでしょう。

何より、生きた経済の動向にふれられるという点では、実際の株式を保有した上で経済ニュースを注視したほうが、それだけ得るものも大きいといえるのです。こうした形での投資が、あなたの資産を殖やす上でも、いろいろと役立ってくれる筈でしょう。

しかし、貯蓄の額が、３００～４００万円ではまだまだ不足です。もっともっとふやすべく堅実に収入をふやしていくことも忘れないで頂きたいのです。

POINT
マネーの掟㉓

「相場は腹六分目」という格言もあります。まだまだ儲かると思っていても急に下がって売り逃したり、どんどん値下がりしているのに何の手も打てずに塩漬け状態に陥ったりと、自分の方法論を確立するまでは、慎重の上にも慎重でありたいものです。

はじめての株式投資は慎重に!

人間は損を出した時ほど熱くなり、冷静さを失うという性質があります。米国のミシガン州立大学の心理学実験では脳の「前頭葉内側野」が活発になり、損を取り戻そうと、イチかバチかの行動に出やすくなるそうなので、気をつけましょう！
くそーっ 絶対損を取り戻すぞーっ
興奮！
もっと資金をつぎ込んで勝負してやろう！
※こういう人は株式投資に向きません！
相場は腹六分目と心得て、冷静に、自分のルールに従って判断することが大切です
えーと この銘柄はまだ上がりそうだけど、2割も儲かったから、もう売っておこう！
冷静！
こっちは、1割値下がりしたから損切りしてしまおう
※こういう人が株式投資で成功する！

果報は寝て待て…というのも面白い投資法である！

08年9月の米国発金融危機が世界同時不況となってひろがり、このところ為替レートでは円高が続くようになり、輸出企業にとっては厳しい試練が続いてきました。

しかし、一時は1ドル70円台をつけた超円高も、2013年4月からの日銀の異次元緩和によって、1ドル100円前後まで円安がすすみました。

さて、この先もさらに円安進行と考える向きには、まだまだ現在でも円高水準でしょう。

そこで、この円高を生かして、将来の自分年金ともなりうるような、長期のお金運用法についても紹介しておこうと思います。

ご承知の通り、日本では少子高齢化がすすみ、毎年のように財政赤字の穴埋めの為に、国債を発行し続けてきました。**その結果は、13年末の普通国債の累積残高だけで約740兆円となり、政府のその他の借金（約278兆円）や地方の借金（約180兆円）まで合わせると、ゆうに1千兆円を超える額（約1200兆円）までにふくらんでいるのです（GDPの約2・5倍）。**財政規律が緩《ゆる》みっぱなしの政府や地方自治体のこれまでの経緯に鑑みても、さらに累積債務は積み上がり、将来の大増税が懸念されるところでしょう。

この先、国力の衰退を考え合わせると、さらに将来は円安になる可能性が十分にあるというわけです。

そこで、考えたいのが2つの外国通貨による貯蓄法なのです。

米国のゼロクーポン債を少しずつ一定期間毎に購入していくという方法と、中国人民元を直接買い上げていくという方法です。

現在は世界中の金利が超低金利となっている為、米国債にしろ中国人民元にしろ、金利の旨味はさほど感じられないかもしれませんが、狙いは為替差益です。

たとえば、長期で見ると、償還日に1千ドルになって戻ってくるゼロクーポン債の10年物（償還日2024年11月15日、年複利での利回り2・863％、14年3月7日時点）が、795・6ドルで購入できるのです。

15年後の2029年2月15日償還のゼロクーポン債なら、609ドルで購入できますから年複利で3・377％になるのです。

仮に1ドル100円の時に購入したゼロクーポン債が10年後、15年後に為替レートがそれぞれ1ドル130円と150円になっていたとすると、2024年償還のものは、79万

5600円で購入し、130万円になって戻ってくることになり、2029年償還のものは、60万9000円で購入したものが150万円になって戻ってくることになります。**2024年償還のものは、1・63倍になり、2029年償還のものは2・46倍になったということになるのです。**

あくまでも償還日まで持ち続けることがミソですが、こんな投資の仕方もあるのです。

ちなみに、債券には利息がついていますが、ゼロクーポン債というのは、あらかじめ利息分を額面から差し引いた割引債という債券です。したがって、購入時はとても安いというメリットがあり、少ない資金から安心して始められるのです。世界金融危機の震源地ということで、米国ドルの信認が揺らぎ、将来は米国ドルだけが基軸通貨のままではいられないという説もありますが、10年、15年ではまだまだドルは凋落《ちょうらく》していないでしょう。日本の円よりも信用できるのではないでしょうか。

さて、もうひとつは、中国人民元投資の方法ですが、実は人民元がまだ国際通貨としての扱いが認められていない為、個人で日本にある中国の銀行に口座を開くということが出来ません。その為、一度は、実際に中国の北京、上海、深圳などに行く必要があります

（あとは日本の銀行から円で送金し、元に替えてもらう仕組み）。

口座を開くのは、イギリス系資本で格付が最高ランクのＨＳＢＣ（香港上海銀行）がおすすめです。日本にも支店はありますが、個人取引は２０１２年に撤退しました。中国本土では北京、上海、深圳などの大都市に複数の支店があり、英語が通じます。

かつては、日本円の千円ぐらいでも簡単に口座が開けましたが、数年前から続く人民元投資ブームから、日本の観光客がどっと押し寄せた為、現在では口座開設は最低2万元（34万円程度）が必要となり、その上日本に帰国してから、早い内に残高を10万元以上（１７０万円程度）にしておかないと、毎月１００元（１６８５円程度）ものサービス料をとられる破目になってしまっています（50万元以上でプレミアム口座。円換算は14年3月3日時点で1元＝16・８５９円）。

なお、ＨＳＢＣの口座には通帳はなく、毎月航空便で残高通知が送られてきます。

ちなみに14年3月7日時点での金利は、6カ月定期で3・０８％、12カ月3・3％、24カ月3・７５％、36カ月4・０５％、60カ月4・５５％となっています（普通預金は0・35％）。

気をつけて頂きたいのは、現在のところＨＳＢＣの中で日本円を人民元にするのはＯＫ

ですが、人民元から日本円に替えて送金することが出来ません。その為、現地支店で口座を解約し、人民元で受け取ったものを現地で両替することになり、こちらは割高なのです。

したがって、中国がやがて米国などの圧力により、人民元レートを切り上げてくれるのを待つよりないという〝果報は寝て待て〟の投資になってしまいます。

しかし、やがて中国も変動相場制に移行せざるをえませんし、将来切り上がり、国際通貨として流通するようになるまでには、10年もかからないのではないでしょうか。

POINT マネーの掟㉔

将来の円安に備え、有力な国の通貨でお金を貯めておこう!

かつて欧米人の中で、割安な日本円投資を行ない、その後の日本の変動相場制移行(73年2月)で大儲けした人達がいることを記憶にとどめておいて損はないのです。

《米国ゼロクーポン債》

※格付はＡＡＡ（Ｓ＆Ｐ）
単位＝ドル

償還日	残存期間	販売価格	利回り	額面
2019年２月15日	約５年	93.32	1.411%	1,000
2024年11月15日	約10年	73.97	2.863%	1,000
2029年２月15日	約15年	60.90	3.377%	1,000
2036年２月15日	約22年	45.85	3.619%	1,000
2040年２月15日	約26年	38.78	3.720%	1,000
2043年２月15日	約29年	34.00	3.799%	1,000

（14年３月７日ＡM9:00時点）

うーん、10年後、20年後のお金のリスクヘッジとして一部を米国ドルや中国人民元に移しておくというのも手だな！しかし、あくまでも余裕資金でやることがポイントだね
狙い目はやはり米国と中国か…
（米国）
（中国）

誰にでも出来るワンルームマンション投資法とは？

預貯金が500万円を越えるようになってきたら、そろそろ検討して頂きたいのが、中古マンションへの投資です。ワンルームや1Kといった小規模な区分物件に、投資妙味があるからに他なりません。

マイホーム用に新築分譲マンションを買うべきではないこと、また、その為に住宅ローンなどを組んだら最悪の結果として〝一生貧乏な生活〟が待っている――ということはすでに述べました。築年数を経る毎に価値がどんどん減っていくからです。

だからこそ、あなたやあなたの家族は、賃貸物件に住み、貯蓄を奨励したいわけですが、だからといって、いつまでもロクな金利もつかない預貯金を積んでいくだけでは人生の飛躍がありません。

ある程度のまとまったお金が貯まったなら、まずやるべきは不動産投資なのです。

しかし、全国の賃貸物件のうち、23％が空室という現況にあって、不動産投資などはもってのほか――とお考えになっている方も多いのではないでしょうか。

たしかに不人気な物件に投資すれば、そんな事態にも直面しますが、きちんと賃貸ニーズを見極めた上での投資なら、そんなことにはなりません。利便性と条件（家賃その他）さえ、整っているなら、空室など生じませんし、稀に空いても、すぐに埋まります。

中古の区分マンションをおすすめするといっても、2DKだの3LDKの物件ではないのです。あくまでもワンルームや1Kで、都内ならば20㎡にも満たない物件を選んで投資しようという話なのです。これがどうしてよいのかといえば、新築分譲時から10年、20年経つと、中古マンションの物件価格も下がるところまで下がり、10％前後の高い利回りが得られるようになってくるからです。

10％もの高利回りを出すようになった物件が、まだまだ価格が下がるかといえば、今度はそれほど下がらなくなるのです。つまり、土地価格分程度を残した価格になるからです。

マンションの耐用年数はRC（鉄筋）でもSRC（鉄骨鉄筋）でも、47年あります。ファミリータイプのマンションと違って、こういう小規模なタイプのマンションは投資用ですから、一定の高利回りになった段階で、価格低下への抑止力がはたらいているといってよいのです。

例えば、住宅情報誌などから推計した新築ワンルームマンションの首都圏での分譲価格平均（30㎡未満）は、80年代後半のバブル期に上昇を続け、91年にピークとなり、坪単価で491万円をつけています。ゆえに20㎡（6・05坪）の新築ワンルーム物件の価格は2946万円にもなったものでした。その後、92年以降の価格は急激に下がり、直近で最も新築ワンルームマンションの分譲価格が安くなったのが00年で、坪単価は310万円で、価格は1860万円になりました（坪単価はファミリータイプの2倍強）。

91年からわずか9年で約1千万円も下がったのです。

そして00年を底にして新築ワンルームマンションの分譲価格はゆるやかに上昇し、07年以降には、坪単価330万円をつけ、価格は2千万円前後で推移します。

一方、同じ20㎡の中古のワンルームマンションの場合、現時点で見るとどうなっているでしょう。91年築の中古ワンルームマンションの売買価格は、23年経過して約4分の1近い800万円前後になっていますが、この価格での表面利回りは7～9％で回っています。

バブル最高値の売り出し価格は2946万円でしたから、その時点で2～3％程度にしかすぎなかった表面利回りが、家賃価格はさほど下がっていない為に大幅に上昇しているのです。

マンションの法定耐用年数は47年ですから、まだ残り24年も減価償却が出来ます。

そして、面白いことにそれ以前の80年代に建てられたマンションであっても価格はほぼ10％前後の利回りが確保出来る価格帯にとどまっているのです。

このことは、古い物件であっても、よい立地に建っていれば、立派な利回りが確保出来ることを物語っていますし、古い物件ほどよい立地に建っている物件が多いのも事実なのです。いまや中古のワンルームマンションの価格は、耐久消費財価格に限りなく近いところまできて、下げ止まっているといって過言ではないのです。（81年の建築基準法改正前の旧耐震基準物件のほうが利回りはよい）。

東京23区内であっても、600万円台、700万円台で高利回りの中古ワンルームマンションが出回っているわけです。郊外ならもっとありますし、利回りも12％～13％も珍しくありません。

例えば、500万円の投資で表面利回り9％の中古ワンルームマンションをオーナーチェンジ（賃貸入居者込み）で購入したとしましょう。

9％の表面利回りなら、年間45万円の家賃収入になります。ここから毎月の管理費と修繕積立金、税金（固定資産税と都市計画税）などを20％として差し引くと手取りは36万円になります。毎月に直すと3万円の収入というわけです。この程度ならば、減価償却や諸経費計上でトントンになるので、収入といっても、まず税金がかかることもありません。

500万円投下して毎月たったの3万円かとあなたは思うかもしれません。

でも、はじめは初心者ですから欲張ってはいけないのです。これぐらいでオンの字と考えておきましょう。すると次の戦略がいろいろと見えてきます。

どうすれば、もっと利回りをよくする不動産投資が出来るのか、もっと節税するにはどうすればよいのか。

預金だけでは到底味わうことの出来ないキャッシュフローがふえる喜びを体験して頂きたいのです。これが資産拡大へのスタートとなるのです。

POINT マネーの掟㉕

預貯金が500万円程度貯まったら、まずは不動産投資へ！

最初は最も安全で、手間のかからない中古区分のワンルームマンションがおすすめです。

中古区分のワンルームマンション投資の旨味とは?

《首都圏20m²のワンルームマンション》

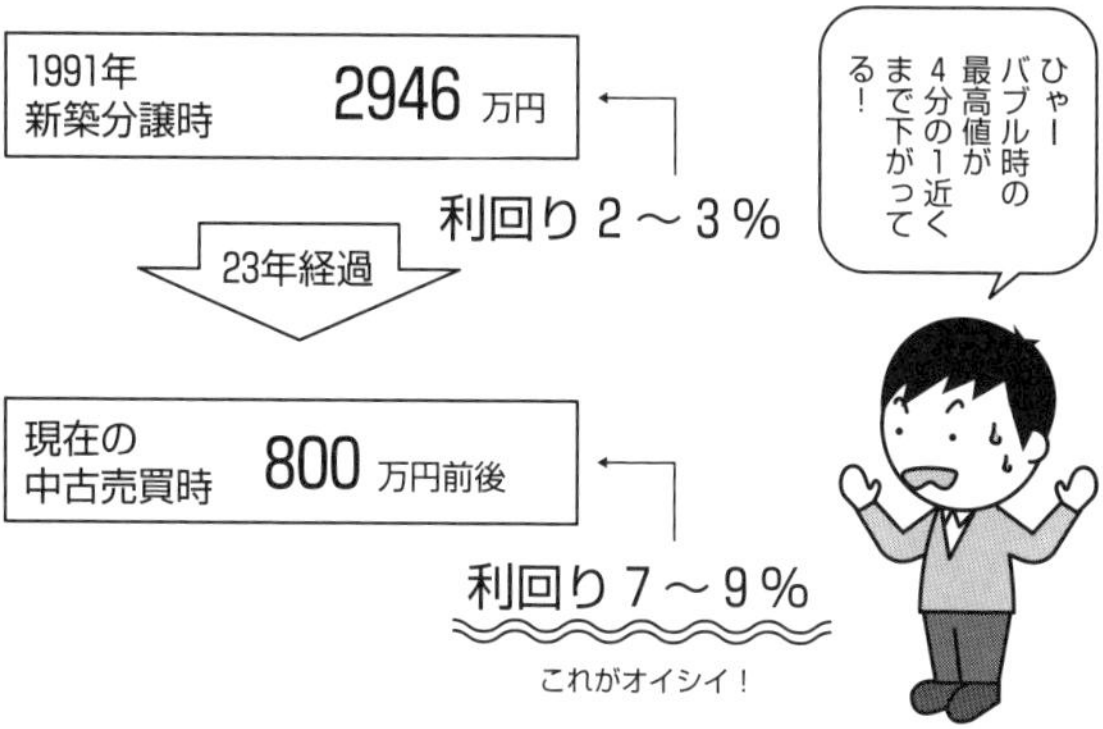
1991年
新築分譲時
2946 万円
利回り 2～3％
23年経過
現在の
中古売買時
800 万円前後
利回り 7～9％
これがオイシイ！
ひゃー
バブル時の
最高値が
4分の1近く
まで下がって
る！

《現金500万円で中古ワンルームマンションを購入！》

●表面利回り（９％）→ 500万円×９％＝45万円（年間収入）

●諸経費控除（20%）→ 45万円－９万円＝36万円（年間手取り収入）

中古ワンルーム
マンション投資は
初心者に
ピッタリだなあ！
表面利回り9％でも
実質利回りは7・2％！
しかし、これだけでも
今なら高利回りだ！

借金地獄からの裏ワザ脱出法がお金を生む！

ここ数年来、都内でワンルームマンションを保有している人のところへは、中古ワンルームマンション仕入専業の不動産業者から「ご所有の○×マンションを売りませんか」という電話がひっきりなしにかかってきます。それだけ中古ワンルーム投資物件の需要があるからでしょう。

担当者の話によれば、1日中電話の前にかじりつき、1日200〜300人に電話をかけまくり、さらに2〜3週間おきにまたかけるのだそうです（気が変わって売るという人も中にはいるのだそうです）。

しかし、かけた相手の半数近い人からは「売りたくても売れないよ」という悲しい答えが返ってくるのが実情だといいます。

つまり、10年、15年前に新築で購入した投資用ワンルームマンションのローン残債があり、現在の売却価格がはるかに下がっている為、金融機関に残債額と売却価格との差額を埋め合わせるだけの現金を持ち合わせず、売るに売れないという状態に陥っているわけです。

こんな人が、半数近くもいるということに驚かされるではありませんか。

投資用に新築マンションを買い、誰かが入居すればただちに中古物件です。すでにその時点で、新築分譲業者の利益2～3割が剥《は》げ落ちますから、2千万円で購入した新築マンションは1500～1600万円程度の価値しかなくなります。

そのうえ、年数が5年～10年と経てば、さらに価格は下がっていきます。

マイホームの為だけでなく、投資用であっても、新築マンションなどにローンを組んでしまったら、収益を上げるどころか、どんどん損失がふくらむのです。

ローンの返済を毎月せっせと続けても、はじめは返済額に占める金利支払いの負担が大きいですから、元本はちっとも減らないわけです。

将来の資産をふくらませようとした投資のつもりが、とんだ貧乏クジを引いてしまっただけなのです。

投資も商売と同じです――。

商売の要諦が「安く仕入れて高く売ること」なのですから、いかに投資物件を安く仕入れるかに、知恵と工夫をはたらかせなければいけないのです。

しかし、こういう人達もこのままでは、とてつもない貧乏を背負って生きていかなければなりませんから、早目の脱出策を講じる必要があります。

合法的に、かつサラリーマン生活に支障が及ばないよう、安全かつ合理的に借金を整理する方法を考えていかなければなりません。

ところで、サラ金の多重債務者になった人達の場合は、近年の一連の最高裁判例に基づいた過払い金請求（利息の引き直し）での取り戻しがさかんに行なわれ、救済事例が無数に生じているのはご承知の通りです（サラ金業者が泣き、専業特化した司法書士や弁護士がウハウハ稼ぎまくっています）。

また、**「自己破産」**（資産を全部放棄することになり、クレジットカードなどを一定期間作れなくなります）や**「民事再生」**（借金を原則5分の1まで減らし、その後無利息での3年間の返済が認められます。しかも自宅や自家用車などの資産は保全されます）といった方法が知られていますが、マイホームや投資物件のローンを過大に抱えている人達はどうしたらよいのでしょう。

かつては（04年3月まで）、民法に**「滌除《てきじょ》」**の項目があり、第3者の不動産購入申し込み者を立てることにより、金融機関に対し抵当権をはずさせ、物件を手放したのち、残った債務を債務者側が有利に処理出来るといった仕掛けを発動させることが出来ました。

しかし、滌除屋と呼ばれる者までが横行し、抵当権者に著しく不利になる為、現在の改正民法では、**「抵当権消滅請求（民法378条〜）」**の制度となり、こうした債務者側にとって都合のよい仕組みは、事実上使えなくなってしまいました。

となると、勤務先の給与が減額されたり、リストラされてローンが支払えなくなったなどの、生活困窮上の理由を錦の御旗に立てて、**「任意売却」**という手法を使うしか手がありません（「自己破産」や「民事再生」が適当でないケース）。

通常、意図的にローンの返済を滞らせると、債権は金融機関から保証会社に移り債務者は残債の一括請求を受けます。

当然他に資産があったり、給与所得があれば仮差し押さえをかけてくることも予想されます。そうでなくとも、当該物件は競売にかけられるので、市場価格よりも不利な価格での売却を余儀なくされ、そのぶん残債が多く残ってしまいます。

「任意売却」とは、そうなる前に（ローンの返済を滞らせ、競売手続きに移行してしまわないうちに）、債権者（金融機関側）と話し合いを行ない、市場価格に近い価格で売却し、残債についても減額交渉し、毎月返済額を圧縮してもらうということを意味します。

金融機関との交渉は、昨今「任意売却」を専門に扱っている不動産業者などが代行することが多く行なわれています。当然、この仕組みをうまくこなしていくスキームを構築する必要があるといえるでしょう。

要するに、債務者としていかに返済が困難であるかを証明出来る形を作り上げることが肝心なのです。これを説得力のある形に出来れば、金融機関側も競売になるよりはマシな、「任意売却」に同意せざるをえなくなるというわけです。

いずれにしても、一日も早く過大な借金は清算し、マイナスをゼロ地点まで引き戻しておかないと、資産形成どころではなく、悲惨な老後を覚悟しなければならなくなるのです。

POINT マネーの掟㉖

過大なローン債務は、一日も早く処理するよう、人生を賭けた勝負に出ることが大切です。

過大なローンを抱える人は……？

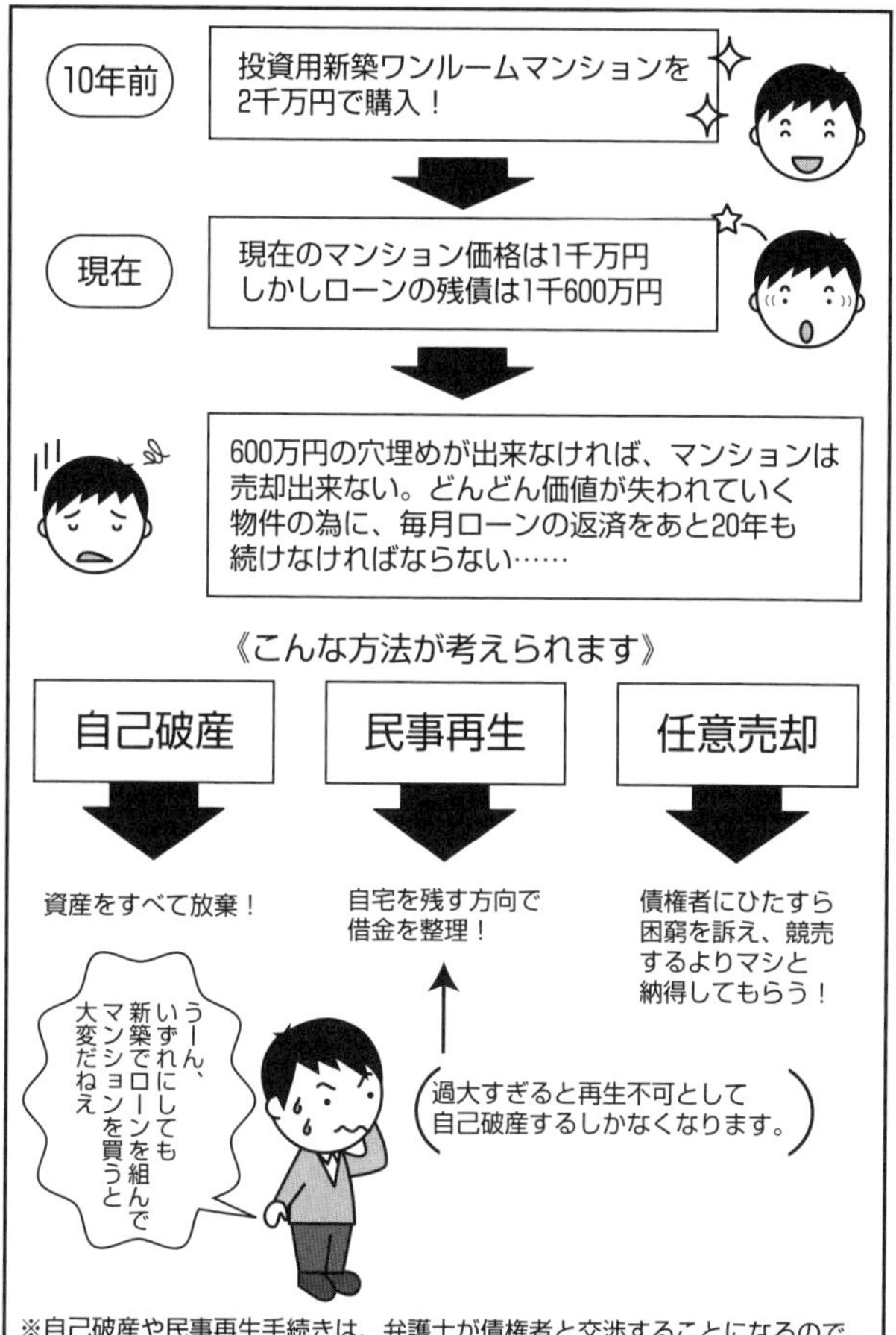
10年前
投資用新築ワンルームマンションを
2千万円で購入！
現在
現在のマンション価格は1千万円
しかしローンの残債は1千600万円
600万円の穴埋めが出来なければ、マンションは
売却出来ない。どんどん価値が失われていく
物件の為に、毎月ローンの返済をあと20年も
続けなければならない……
《こんな方法が考えられます》
自己破産
民事再生
任意売却
資産をすべて放棄！
自宅を残す方向で
借金を整理！
債権者にひたすら
困窮を訴え、競売
するよりマシと
納得してもらう！
過大すぎると再生不可として
自己破産するしかなくなります。
うーん、
いずれにしても
新築でローンを組んで
マンションを買うと
大変だねえ

※自己破産や民事再生手続きは、弁護士が債権者と交渉することになるので、債務者の勤務先に知られることはまずありません。万一、知られた場合でもそれを理由に解雇することは不当解雇として許されません。

〈実録〉こんな裏ワザで資産を殖やしている人がいる!

前項でもふれましたが、不動産投資も商売と同じで「安く仕入れて高く売る」ことが大切です。

しかも不動産投資の場合は、単純にキャピタルゲイン差益を追求するよりも、いかに保有している間にもたらされる果実(インカムゲイン)を多くするか――すなわち収益の増大化が重要といえます。

まずは20代後半にして不動産投資に目覚め、地方都市ゆえの特徴を生かし、安全かつ効率よく資産を殖やし続けている人の例を紹介致します。

Aさんは、現在34歳の会社員です。給与収入こそ年間350万円そこそこですが、5年毎に投下資本を2倍にしていくというスキームで、頑張っています。

Aさんが行なっている投資は、地元での競売物件の取得からスタートします。

たとえば、300万円で、古い一戸建住宅を落札したとします。

これに、適宜内外装リフォームを100万円程度の予算で施すのです。

親戚に大工さんがいるので、さまざまな職人さんを紹介してもらい、手の空いている時に安く施工してもらえるのも強味だそうです。

要所要所の外観に明るい塗装を塗り、ふすまや畳を替え、クロスを貼り替え、玄関回りを磨き上げるだけで、築20年の物件が、新築4～5年の物件に見えるほど、イメージが一新されるといいます。

これを、月額家賃6万7０００円（年間80万円）で貸し出すと、まずは仕込み完了となります。

投下資本は物件価格３００万円と修繕リフォーム費用１００万円の合計４００万円です。したがって年間賃料の収益利回りは、20％となります（80万円÷４００万円）。

5年経った段階で、投下資本はすべて回収出来てしまいます。（80万円×5年）。

これを欲張らず投下資本と同じ４００万円で売りに出すと、利回りがよいので、オーナーチェンジの一戸建て物件としての買い手がすぐにつき、賃料5年分の４００万円と売却益４００万円で合計８００万円が回収出来ます。

投下資本の４００万円が、2倍になって戻ってくるというスキームは、こういう組み立てになっているのです（ちなみに譲渡益への課税は、保有5年未満で所得税30％、住民税

9％の短期譲渡所得課税、保有5年以上で所得税15％、住民税5％の長期譲渡所得課税という課税基準がありますが、取得価格で売却するのなら譲渡所得も事実上ゼロなのでほとんど課税されません）。

Aさんは、こういう形で、もっぱら５００万円未満で落札出来る低額の物件を取得していますが、競売物件は内見が出来ない為、こういう形でリスクの軽減を図っているといいます。また、事故物件でないかどうか、占有者がいないかどうかなど、細心の注意を払って（近隣での聞き込みなど）落札しているのだそうです。

競売不動産を落札し、住宅の再生リフォームを施してから、市場価格より割安で販売している住宅販売会社が、業績好調で全国展開していることを考えますと、地方ではAさんのような方法論でこれからも十分資産を殖やしていけるでしょう。

２番目の例を紹介致しましょう。

36歳の独身サラリーマンのBさんは、都内の中古マンション3DKを、２千５００万円で購入するにあたり、５００万円は自己資金（頭金）、２千万円は、某メガバンクから25年2・5％の固定金利での住宅ローンとして借り入れを行ないました。

ところが、Bさんは住宅ローンとしての借り入れにこだわったものの、この中古マンション取得後は、自分が住むことなく、賃貸物件として月間16万円の収入を得ているというのです。

そして月々16万円の家賃収入から毎月9万円のローン返済を行ない、残りの7万円のうち4万円で郊外の私鉄沿線の安い木造アパートでの住居費と水道光熱費に当て、余った3万円を毎月貯金に回しているといいます。

投資用不動産にもかかわらず、投資用ローン（金利がやや高い）を借りることなく、金利の安い固定金利の住宅ローンを利用するという裏ワザを発揮しているのです（もちろん、当初から住民票をいったん移し、のちに仕事の都合や転勤などで住めなくなったという正当な理由がないと融資の使途目的違反に問われます）。

Bさんは、知人が新築建売住宅を購入したとたんに、勤め先の会社から九州支社への転勤を命ぜられ、家族での転居を余儀なくされ、住宅ローンを返済しながら賃貸物件にしてしまった実話をヒントに、このスキームを作ったのだそうです。

たしかに、自宅を賃貸に出さざるをえない事情（転勤）が生じた結果、不動産経営に目覚めたという人は世の中に結構いるものです。

Bさんの場合は、結果論からではなく、入口から計画的に行なったわけで、なかなかしたたかな例ともいえるでしょう。

Bさんによれば、次は都心の利便性のよい地域に、2階建の古家を投資用ローンで購入し、改造してシェアハウスを運営し、資産形成を図りたいそうです。

シェアハウスというのは、欧米発祥の住居システムですが、同じ屋根の下で複数の人が共同で生活するというスタイルで、昨今外国人のみならず日本人の若い人達にも人気のあるものです。リビングやトイレ、シャワーブースなどを共同利用し、各室は鍵をつけ個室空間にするのが一般的スタイルです。シェアハウスは通常、利回り20%以上で回せますから投下資本も早期回収が図れるというわけです。

POINT マネーの掟㉗

知恵と工夫次第で不動産投資の収益率は上げられるものなのです。

こんな裏ワザで資産を殖やす人がいる！

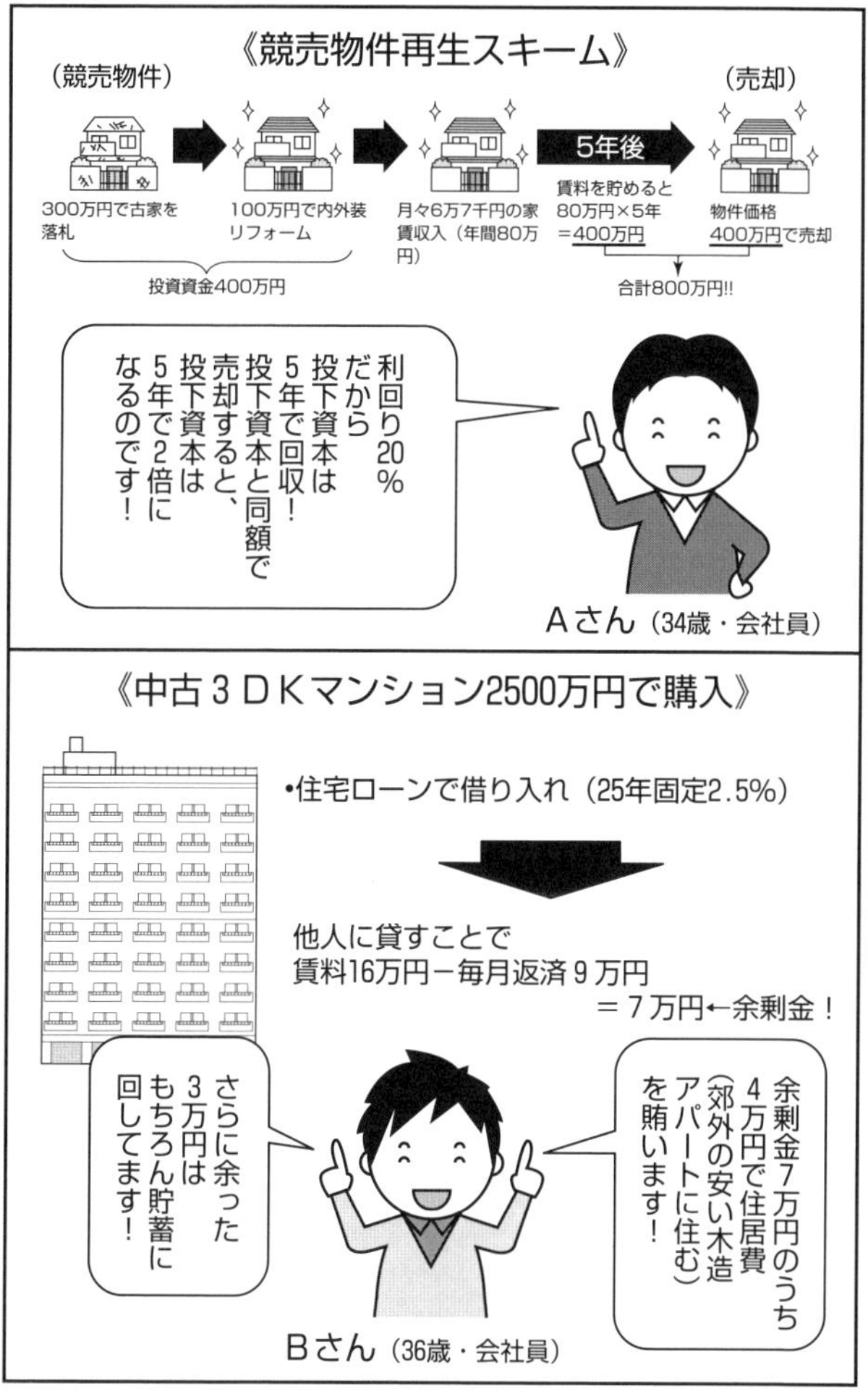
《競売物件再生スキーム》
(競売物件)
300万円で古家を落札
100万円で内外装リフォーム
投資資金400万円
月々6万7千円の家賃収入（年間80万円）
5年後
賃料を貯めると80万円×5年＝400万円
(売却)
物件価格400万円で売却
合計800万円!!
利回り20％だから投下資本は5年で回収！投下資本と同額で売却すると、投下資本は5年で2倍になるのです！
Aさん（34歳・会社員）
《中古３ＤＫマンション2500万円で購入》
•住宅ローンで借り入れ（25年固定2.5％）
他人に貸すことで
賃料16万円－毎月返済９万円
＝７万円←余剰金！
余剰金7万円のうち4万円で住居費（郊外の安い木造アパートに住む）を賄います！
さらに余った3万円はもちろん貯蓄に回してます！
Bさん（36歳・会社員）

払いすぎた税金の正しい取り戻し方！

サラリーマンやＯＬの人は、毎月の給与から、いったい、何がどれぐらい引かれているのかご存知でしょうか。

所得税に加えて、前年の所得にかかる住民税が引かれ、さらに社会保険料（健康保険、厚生年金、雇用保険、40歳以上の人は介護保険）がごっそり引かれているのです。

これから先、給与はなかなか上っていかないご時世ですが、社会保険料や消費税率などは将来きっともっと上がっていくことでしょう。

何もしないでいると、あなたの可処分所得（自由に使えるお金）の比率は、減ることはあっても、ふえることは期待できない状況といってもよいのです。

この項では、本書の仕上げとして、税金を合法的に減らすコツをまとめておとどけ致します。

実際にこれを実践するとしないとでは、年間数万円～数10万円の差がつくことになりますから、しっかり記憶にとどめて頂きたいのです。

まず、はじめに提唱しておきますが、サラリーマンやOLの方は、これから毎年確定申告することをおすすめ致します（前年の1月～12月までの収入をまとめて、翌年3月15日までに申告する制度です）。

確定申告とはいったい何なのか。どんなふうに申告したらよいのかなど、詳しいことは、毎年年末から年明けにかけて、一斉に本屋さんの店頭に並ぶ「カンタン確定申告書の書き方」といった、カラー判の廉価なムック本を参考にして頂くとよいでしょう。

とにかく確定申告をしないと、税金は安くなりませんし、払いすぎた税金（毎月の給与から源泉徴収された分）を取り戻すことは出来ません。一見、面倒臭そうに見える申告用紙でも、実は要領さえわかればちっともむずかしくありませんから、自分で手引書を横目に見ながら書き記し、3月15日までに税務署に必ず提出するように習慣づけて下さい。

ところで、確定申告する人は、サラリーマンの場合は、年収2千万円以上の人と思っているかもしれませんが、それは大きな間違いといってよいのです。

2千万円以上の年収のあるサラリーマンは、申告しなければならないということであって、申告したい人は誰でも申告してよいのです。

とりわけ、ここで取り上げる方法は、必要以上に払いすぎた税金を返してもらうのが目的の申告です。これを**還付申告**《かんぷしんこく》といいますが、申告しなければ払いすぎた税金は戻らず貴重なお金を政府に寄付してあげたことにもなるわけですから、しっかり取り戻すべく準備を固めておきましょう。

まず、税金取り戻しの最有力は、不動産投資によるものが挙げられます。

中古マンションや、中古アパート、中古一戸建などへの投資を行なっているならば、建物本体はもとより、付随《ふずい》する電気・ガス・水道設備一式などについての減価償却が行なえます（実際にお金が出ていったわけではありませんが、毎年の損失として費用計上が出来る制度なのです）。

現在は、定率法が使えなくなり、定額法のみの償却の仕方になりましたから、昔と比べると旨味は減りましたが、マンションは47年、木造は22年での建物の減価償却が行なえます（電気・ガス・水道設備一式などは15年）。

さらに、建物部分に関しては、ローンの金利分、固定資産税などの公租公課分（初年度は不動産取得税も）、修繕費、修繕積立金、管理費、巡回の為の交通費、不動産業者への手数料、広告料など、諸々の合計を、年間家賃収入から差し引けるのです。

すると、当初数年間は、大抵赤字になることでしょう。

この赤字分を他の所得（給与など）から差し引くと、給与所得などもグッと圧縮されますから、その結果、毎月源泉徴収されて納めていた税金は払いすぎということになるのです。

これを**損益通算**といいますが、ちなみに株式投資での損失は、有価証券同士でしか通算は認められていません。

以前は、土地部分へのローン金利分の損益通算も認められていたり、取得した物件が値下りし、それを売却した場合には、譲渡損まで損益通算が認められていましたが、政府は少しでも税収をふやしたい為、次々と不動産投資家のメリットを削減してきたというわけです。

さて、次に大きく節税出来るのは、あなたが独立自営型の副業を行なった場合の経費計上です。英会話を教えたり、パソコンを教えたり、犬の散歩代行をしたり、趣味の教室を開くなりすれば、かならずコストが発生します。

それに要した家賃（自宅の一部スペースを使用した場合の按分比を出す）や光熱費、パソコン代、ビデオ代、TV設備、通信費（電話代や送料）、研究費（書籍購入代やセミナー受講費用）、交際費などを費用として計上していきます。

他にも、家族の医療費で10万円以上かかった場合や、災害や盗難に遭ったなら、警察に被害届を出しておけば、雑損控除の対象にもなるのです（詐欺や恐喝の被害は不可）。

また、扶養控除も、一緒に住んでいなくとも、年金を貰っている老親や無職の兄弟姉妹など、定期的に小遣いを上げている実績があれば、自分の扶養家族として、扶養控除が受けられます（6親等まで）。扶養家族が一人ふえれば、所得税率10％の人で約4万円、20％の人なら約8万円は税金が戻るのです。

いずれにしろ、日頃から領収書をもらう癖をつけ、コストの把握に努めておくことが大切です。

POINT マネーの掟㉘

サラリーマン、OLの人は確定申告をして、払いすぎた税金を取り戻すようにしましょう（ただし、嘘の申告は厳禁です）。

サラリーマン・OLは毎年確定申告で税金を取り戻そう！

Ⓐ損益通算を活用したケース

不動産所得の場合

＊頭金300万円で中古マンションを購入(ローン1300万円、固定3.5%)し、賃貸中！

経費（180万円）
- ●減価償却費（建物と設備）
- ●金利代（建物のみ）
- ●管理費・修繕積立金
- ●税金（固定資産税など）
- ●修繕費・交通費
- ●広告料・雑費

※年間家賃収入140万円から上記のコストを差し引くと40万円の赤字になる。所得税率20%の人なら8万円還付される。

サイドビジネスの場合

＊独立自営型副業のケース！

経費（150万円）
- ●家賃、光熱費（自宅分と按分）
- ●パソコン代
- ●通信費（送料も含む）
- ●交通費（ガソリン代など）
- ●研究費（書籍など）
- ●広告費
- ●交際費

※年間副収入が120万円だとして、上記のコストを差し引くと30万円の赤字になる。所得税率20%の人なら6万円還付される。

※副業が勤務先にバレないようにするには、住民税を自分で払うようにしましょう（申告書の住民税徴収欄で普通徴収を選ぶ）。

Ⓑさらに控除枠がふくらんだケース

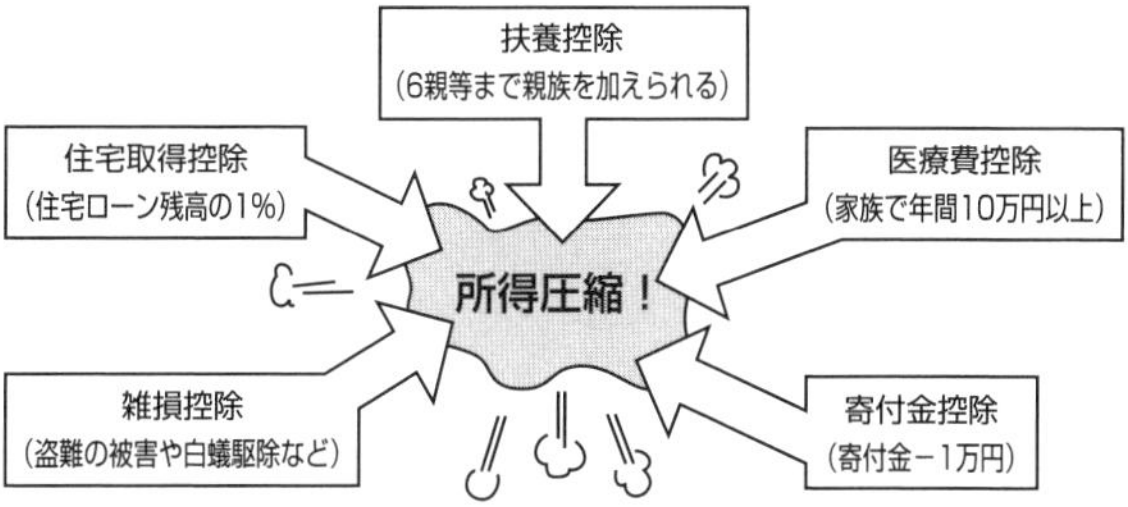
扶養控除
(6親等まで親族を加えられる)
住宅取得控除
(住宅ローン残高の1%)
医療費控除
(家族で年間10万円以上)
所得圧縮！
雑損控除
(盗難の被害や白蟻駆除など)
寄付金控除
(寄付金－1万円)

☆上記のⒶとⒷを駆使すると、〝所得〟が圧縮される。すると毎月の給与から源泉徴収された所得税は、納めすぎということになり、還付される。住民税は毎年所得に連動してかかるので翌年からは住民税も減少する！

おわりに……人生に流されない生き方が大切だ！

多くの一般の人々は、大金持ちにはなれなくても、せめてお金の心配や苦労からは解放された人生――を送りたいと願っているものです。

いつかきっと……そのうちには……まあ、10年後ぐらいには……。

しかし、これでは永久にそんな日は訪れないのです。

本書をお読みになり、そのことを強く実感頂けたなら、嬉しい限りです。

・事業に成功する。
・資産家の子供と結婚する。
・FXや株式トレードで勝負する。
・マイホームをローンで購入する。
・宝くじで一等を当てる。

こんなことで、お金の悩みから解放される未来がやってくるなどと信じていたら、一生お金の苦労からは逃れられないでしょう。

人生はイチかバチかの勝負をしてはならないのです。

また、だからといって、毎日の生活にひたすら流されるままでもいけないのです。

会社でのラットレースにしのぎを削る愚かさに早く気づき、周囲の人達とはちょっと違った「お金のルール」を定めなければ、未来は開けないのです。

自分にとっての「お金のルール」を確立し、それさえ日々実践するだけで、たかだか10年ぐらいであなたの人生は一変するものなのです。

せっかく、本書と出会ったのですから、今日からはぜひ、本書から得られたヒントを頼りに、自分流の「お金のルール」を定め、実践してみて下さい。

そして、お金の悩みや苦労から、一日も早く解放され、仕事をしなくても、遊んでいてもよい、充実した自己実現の出来るステージを、あなたの為に用意してあげて下さい。

せっかく生まれてきた人生です――。

楽しく生きていけるように、あなたのステップを上げていきましょう。

著者

著者紹介●神樹 兵輔（かみき　へいすけ）

経済アナリスト兼投資コンサルタント。「アジア投資懇話会」主催。金融、為替、債券、株式、不動産などの投資情報を提供するマネービルの専門家。

主な著書に『経済ニュースの今が30秒でわかる！　最新［日本経済］キーワード』（高橋書店）、『なぜカノジョは原価100円の化粧品を1万円で買ってしまうのか？』（フォレスト出版）、『改訂新版 面白いほどよくわかる最新経済のしくみ』『面白いほどよくわかる世界経済』『現場で使える！　コトラー理論』『街角のタバコ屋はなぜ営業を続けられるのか？』『図解 景気のカラクリ＆金融のしくみ』『図解 経済の常識』『金儲けの投資学』（日本文芸社）、『悪の経済学』（KKベストセラーズ）、『自分に合った資産運用・投資術』（西東社）、『サラリーマンのための安心不動産投資術』（秀和システム）、『20代で資産をつくる本』（廣済堂出版）などがある。

E-mail:kamiki0225@yahoo.co.jp

STAFF

イラスト◆篠田賢典
編集協力◆大谷清文
DTP◆株式会社キャップス
カバーデザイン◆株式会社steamboat
和田剛

これだけは知っておきたい　お金の話

2014年5月1日　第1刷発行

著　者　神樹　兵輔
発行者　中村　誠
印刷所　図書印刷株式会社
製本所　図書印刷株式会社
発行所　株式会社日本文芸社
〒101-8407　東京都千代田区神田神保町1-7
TEL.03-3294-8931[営業]、03-3294-8920[編集]
URL　http://www.nihonbungeisha.co.jp

Printed in Japan 112140423-112140423Ⓝ01
ISBN978-4-537-26081-6
（編集担当：坂）